아마도 난
위로가
필요했나보다

아마도 난 위로가 필요했나보다

초판 1쇄 발행 2020년 6월 8일

지은이 ㅣ 이의진

발행인 ㅣ 최윤서
편집장 ㅣ 허병민
디자인 ㅣ 김수경
펴낸 곳 ㅣ (주)교육과실천
도서문의 ㅣ 02-2264-7775
인쇄 ㅣ 031-945-6554 두성 P&L
일원화 구입처 ㅣ 031-407-6368 ㈜태양서적
등록 ㅣ 2020년 2월 3일 제2020-000024호
주소 ㅣ 서울특별시 중구 창경궁로 18-1 동림비즈센터 505호
ISBN 979-11-969682-1-2 (03370)

아마도 난
위로가
필요했나보다

이의진 지음

오늘도
교사로, 엄마로, 아내로, 딸로 살아가며
애쓰고 있는 당신의 이야기

차례

서문_ 당신, 그러니까 당신에 대한 이야기 · 007

1.

이제 좀 아플 때가 되었지? · 017

야자 감독을 하다가 떠오르다 · 022

망한 하루 · 030

반띵합시다 · 037

이열치열 · 043

상처받지 말아라, 받아도 너무 많이 받지는 말아라 · 048

나는 스승의 날이 불편하다 · 054

아마도 난 위로가 필요했나보다 · 060

교사 승진제도 유감 · 068

눈치가 없으니 사는 게 힘들지 · 078

무례한 사람들 · 086

예쁘다는 말, 그 불편함에 대하여 · 092

카산드라 이야기 · 097

오늘 제가 좀 슬퍼요 · 108

이별은 언제나 남아 있는 자의 몫이다 · 116

2.

월드컵과 나 · 121

March. 26 · 130

내 이름은 스물두 살 · 136

순결하고도 완벽한 어둠 속으로 – 고시원 체류기 1 · 142

울고 있는 동안은 하늘을 볼 수 없어요 – 고시원 체류기 2 · 154

이 비 그치면, 다시 봄 – 고시원 체류기 3 · 169

마이 네임 이즈… · 178

배가 불러서 먼저 죽을 거야 · 189

질투는 나의 힘 · 196

내 머릿속의 지우개 · 200

해피 버스데이 투 미 · 207

삶은 그저 견디는 것 · 213

선착순 · 220

늙음을 위하여 · 223

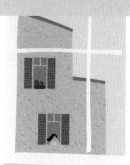

3.

8년 전 그날   · 233

나, 엄마랑 결혼할래요   · 240

나를 슬프게 하는 것들 1   · 249

나를 슬프게 하는 것들 2   · 255

맹모삼천지교   · 262

먼지와 나   · 269

일만 시간의 법칙   · 273

차단의 추억   · 284

사랑은 사람을 변하게 한다   · 292

짐작과는 다른 것들   · 297

내 심장의 하트   · 304

당신, 그러니까 당신에 대한 이야기

아주 오래전, 대학 지원을 앞두고 지금은 돌아가신 아버지께서 사범대를 권하며 하셨던 말씀이 떠오릅니다. 여자 직업으로는 교사나 공무원이 그나마 가장 낫다구요. 월급 '따박따박' 나오고, 일도 별로 힘들지 않아서 육아나 가사와도 충분히(?) 병행 가능하다구요. 심지어 은퇴하면 연금도 빵빵하게 나오는 직업이라면서요. 더하여 집안 형편도 넉넉한 편이 아니고 동생들도 넷이나 되는데(특히 위로 셋은 연년생) 너라도 등록금도 싼 국립 사범대를 가야 하지 않겠냐고 말입니다.

저요? 그 자리에서 무릎 꿇고 앉아 대성통곡을 했어요. 좀 더 폼 나고 멋있는 그런 직업을 가지고 싶었거든요. 어쩐지 교사라는 직업은 정체되어 있다는 느낌이었어요. 발전은 없이 늘 그 자리에 머물러 있을 거라는 선입견이 강했나 봐요. 맏딸의 소고집을 꺾지 못한 아버지는 결국 포기합니다. 그리하여 저는 일반 대학 국어국문학과로 진학을 합니다. 그 이후의 파란만장한 개인사는 이 책의 중간 중간에 들어가 있으니 생략하구요, 추려서 말하면 결국 돌고 돌아 교사가 됩니다.

졸업하고 일반 회사를 다니다가 이른 결혼을 하고, 연년생 아이 둘을 낳아 육아를 하면서 재택근무로 일을 하던 어느 날이었습니다. 오랜 시간 책상 앞에 앉아서 하는 일의 특성상 허리가 아프기 마련입니다. 그래서 잠시 거실 바닥에 누워 뒹굴 때였습니다. 힘들다, 먹고 살기, 라고 중얼거리는 순간, 불현듯 돈오(?)의 깨달음이 왔습니다. 대학원서 쓰던 당시의 아버지 말씀이 떠오른 거지요. 여자 직업으로 교사만 한 게 없다던 말씀이요. 일이 어렵지 않고, 안정적이고, 정시 퇴근이 가능하고…….

이미 열아홉의 계집아이는 세월의 흐름 속에 아이 둘을 기르는 아줌마가 되어 있었거든요. 그래, 지금이라도 교사 자격증을 따서 '선생'이나 하자. 번개처럼 뒤통수를 친 생각은 대뇌와 소뇌를 거쳐 목덜미를 타고 흐르다가 등줄기를 한번 훑고는 대퇴부를 거쳐 빠져나갔습니다. 그길로 교육대학원 입학원서를 냅니다. 그리고 남들보다 훨씬 늦은, 서른을 넘긴 나이에 교직에 첫발을 디디게 됩니다.

거창한 이유 따위 없었습니다. 이 땅의 교육을 위해 이 한 몸 활활 불살라 보겠다, 뭐 그런 의지나 신념은 잠시 옆집에 다 맡겨놓고 온 인간이었습니다. 주위를 아무리 둘러봐도 애 봐줄 사람도 없고, 돈은 벌어야 하고, 그저 '여자 직업'으로는 만만하고 편해 보이는 게 교사라고 하니 어떻게든 교직에 들어온 좀 무식한 인간입니다.

아, 그런데 이게 어찌 된 일입니까. 막상 들어와 보니 듣던 거와 딴판입니다. 분명히 교사는 정시 퇴근이 가능하다고 했는데 어찌하여 저는 주중에 두세 번 이상을 야근으로 몸을 불살라야 하는 겁니까. 분명히 교사는 하루 수업 몇 시간만 하면 월급 '따박따박' 나오는 편한 직업이라고 들었는데 왜 퇴근 시간 가까워지면 온몸이 물에 젖은 솜처럼 천근만근 나락으로 떨어질 듯 무거운 것입니까. 다들 이 직업이 육아나 가사와 충분히 병행 가능하다고 떠드는데 집에만 오면 그대로 쓰러져서 한두 시간 기절해 있다 깨어나는 저는 뭡니까. 그리하여 학교 애들 봐주다가 내 자식은 팽개쳐두게 되는 이 모순은 당췌 무엇입니까?

그때서야 속았다는 생각이 들었습니다. 교직이라는 게 편하지도 않고, 쉽지도 않습니다. 하루 왼 종일 뛰어다녀야만 합니다. 왼갖 공문은 끊임없이 쏟아져 내려옵니다. 그것도 '긴급'이라는 꼬리표를 달고서요. 수업이 잠시라도 비는 틈이면 아이들은 쉬지 않고 찾아와서 지지배배 천만 가지 요구를 합니다. 더하여 가끔 이루어지는 학부모와의 통화는 교직 생활을 전혀 심심치 않게 해주기도 합니다. 기함을 하는 경우가 꽤 있거든요. 쉬는 시간에 공문 처리하다가, 수업 들어갔다 나와서 행정업무 보다가, 아이들 상담하다가 보면…… 이미 퇴근 시간은 훌쩍 지나 있는 걸 발견합니다.

회사 다니느라 허덕거리던 시절에는 교직에만 들어오면 야근 따위 안 해도 될 줄 알았습니다. 현실은 달랐습니다. 저의 하루는 언제나 미카엘 엔데의 소설 '모모'에 나오는 '시간 도둑'이 훔쳐 간 것처럼 깔끔하게 사라지고 없었습니다. 심지어 회사 다니던 때와 비교해보면 단위 시간당 업무강도는 훨씬 센 거 같습니다. 퇴근하고 집에 가면 바로 널브러지거든요.

　그리하여 알게 되었습니다. 밖에서 보는 것보다 교직의 하루는 훨씬 더 역동적이고 분주하며 정신없다는 것을요. 저는 몰랐던 거지요. 교사인 사람이 없는 집안에서 자랐고, 사범대를 나오지 않았으니 친구들 중에도 교사는 거의 없었습니다. 그러니 교직에 발을 딛기 전까지 흔히 말하는 '남'의 시각으로 교직을 보고 있었을 겁니다. 아마도 교사가 되기 이전의 제 생각은 우리 사회가 교직에 대해 가지고 있는 선입견과 편견 그대로였을 겁니다.

　그때부터 보이기 시작합니다. '광인(狂人) 머리 풀고 널뛰듯' 하는 저의 하루만이 아니라 바로 옆자리에 있는 같은 학년 또는 다른 학년의, 혹은 같은 교과나 다른 교과의 동료 선생님들이요. 눈에 띄지 않고 주의를 끌지도 못하지만, 아이들과 함께 하는 눈물겹고 치열한 '하루'가 보입니다. 그 속에서 무엇이 교육인가에 대해 고민하며 갈등하고, 다양한 상황에 부대끼면서 하루를 살아내는 교사로서의 '삶'이 보입니다.

아마 들어보셨을 겁니다. 오롯이 집에서 살림과 육아만으로 하루를 보낸 분들이 이렇게 말하는 경우를요.

- 당췌 하루가 언제 어떻게 사라진 건지 모르겠어. 눈 감았다 뜨면 어느새 밤이란 말이야. 잠시 앉아보지도 못하고 동동거렸는데 막상 뭘 한 건지도 모르겠고.

그러면 살림과 육아를 잘 모르는 사람, 주로 주(主) 양육자나 주(主) 살림꾼이 아닌 밖에서 일하다 들어온 사람은 집안을 한 번 휘이 둘러봅니다. 아침에 나갈 때와 별반 차이가 없습니다. 소파도 그대로이고, 화분도 그 자리에 있으며, 심지어 아침에 닦고 던져둔 수건까지 치우지 않은 상태입니다. 주 양육자가 아닌 사람은 속으로 생각합니다.

- 하는 게 뭐가 있다고 힘들다는 거야? 하루 종일 집에서 애하고 놀기만 한 거잖아.

게다가 불만인 부분만 눈에 들어옵니다. 투덜거립니다.

- 장식장의 먼지는 그대로 있군. 요즘 반찬마저 별로 좋지도 않

아마도 난 위로가 필요했나보다

은데 말이야. 세상에, 내일 입고 나가야 할 셔츠는 아직 다림질도 안 되어 있잖아. 하루 종일 집에서 뭐 한 거야?

맞습니다. 교직이 그러합니다. 하루 종일 동동거리며 몸은 녹초가 되는데, 막상 무엇을 했냐고 물으면 갑자기 말문이 막힙니다. 하루를, 일주일을, 한 달을 어떻게 보냈는지 설명하기란 쉽지 않습니다. 아무리 열심히 살아도 돌아보면 눈에 보이게 이루어진 것은 없습니다. 아이들은 자라서 학년을 올라가고 그리하여 졸업을 하고 분명히 성장을 했는데, 교사들은 여전히 그 자리에서 머물러 있습니다. 일반 회사처럼 지위가 올라가는 것도 아니고, 열심히 했다고 성과급이 보태지는 것도 아니며, 대부분의 교사들이 외부 단체 활동을 하는 것도 아니라서 어디다 내밀 수 있는 명함 한 장 없습니다. 몇십 년을 교직에서 성실하고 치열하게 살았지만 내놓을 그럴듯한 건 아무것도 없는 거지요.

저는 비로소 교사들을 존경하기 시작했습니다. 한 아이가 성장하는 데 온 마을이 필요하다고 하지만 막상 그 아이들을 키워내는 교사는 보이지 않는 세상입니다. 그렇기에 아무도 알아주지 않는 곳에서, 승진도 지위도, 부와 명예도 없이 묵묵히 같은 길을 걸어가는 동료 선생님들이 제 심장을 두드립니다. 열심히 한 시간들은 손가락 사이로 빠져나가는 모래알처럼 흔적을 남기지 않고, 성장한 아이들은 냅다 뛰어나가서 그 뒷모습만 바라보는 교직의 이름 없는 동료 교사들이 이제야 가슴에 시리게 다가옵니다.

그리하여 여기에 실린 글들은 교사가 되기 전에 교사를 알지 못했던 저를 꾸짖는 통렬한 반성이면서, 같은 길을 묵묵히 걸어가면서 이 땅의 '교육'이라는 밭을 일구어나가는 동료 선생님들에 대한 헌사입니다.

한편 교사에 대한 이야기이면서 꼭 교사에 대한 이야기만은 아닙니다. 현장의 일꾼이면서 엄마로서 아내로서, 그러나 한 사람으로 오늘 하루를 눈물겹게 살아내는 이 땅의 모든 일하는 여성들에 대한 헌사입니다.

그러니까 당신, 바로 당신에 대한 이야기입니다.

아마도 난 위로가 필요했나보다

이제 좀 아플 때가 되었지?

　　새로운 학년이 시작되고, 지난주 목요일 학부모총회를 끝냈다. 그제야 잠시 한숨을 돌렸다. 학년 초면 언제나 그렇듯 숨 가쁜 2주다.

　　그 2주 동안 야간자율학습 감독을 3번 했다. 야간자율학습은 밤 10시에 끝난다. 뒷정리까지 마치면 빨라도 10시 15분이 넘는다. 학교에서 집까지 한 시간 거리, 집 현관에 도착하면 거진 11시 반이다.

　　그 2주 동안 내 업무인 야간자율학습 계획서 기안을 올렸고, 기안에 따른 가정통신문을 만들어 결재받고 발송했으며, 자율학습 신청자를 받아서 자습실에 95명의 아이들의 좌석을 배치했다. 배치도를 대형 프린트로 출력해서 학년부실 앞에 공지하고 1, 2, 3교시로 이루어진 자율학습 시간 중 빠지겠다는 시간과 하겠다는 시간을 구별해 엑셀로 출석부를 만들었다. 더하여 야간자율학습 감독하실 선생님들 명단을 받아서 개인 사정에 따라 불가능한 요일을 배려해가면서 자율학습 감독표를 작성했다.

방과후수업 교과목 개설을 위해 각 교과 선생님들을 찾아가 개설을 요청하고, 방과후수업 계획서를 받았다. 이걸 가지고 방과후수업 관련 계획서 기안을 했으며 방과후수업 신청자를 받고 엑셀로 신청자 명단을 정리해서 개설 공지문을 붙이고 방과후수업 출석부를 만들었다.

'기초학력 부진 학생들을 대상으로 하는 프로그램'을 실시하라는 공문을 받고, 30쪽짜리 계획서를 기안했으며, 계획서를 토대로 학년회의를 열어 대상 학생을 선발하는 문제를 논의하고 있다. 아마도 3월 말쯤에는 대상자 선발이 이루어지고 수업이 시작될 것이다.

아마도 난 위로가 필요했나보다

올해 학교 교육계획서에 들어가야 하는 우리 부서의 일 년 치 사업과 프로그램을 정리해서 넘겼으며, 부서협의회와 학년협의회에서 나온 안건들을 정리해 협의록을 만들어 기안하고 결재받았다.

학급 환경미화와 관련해서 각 학급에 게시해야 할 내용들 (학사일정, 학교 규정, 시간표, 상·벌점 관련 게시물 등등)을 가독성 좋게 파워포인트 프로그램으로 만들었다. 그리고 1층 구석에 있는 대형 프린터로 출력해서 각 학급 담임 선생님들께 드렸다. 학교를 옮기고 나니, 당췌 대형 프린터가 어디에 있는지, 어디로 가야 컬러 프린트가 가능한지도 몰라서 하나하나 물어봐야만 한다. 이전 학교에서 아무리 빠릿빠릿 영민했다고 자부한들 학교 옮기는 순간 고스란히 바보로 등극하는 셈이다.

학부모총회를 준비하면서 우리 부서와 우리 학년에 관련된 내용을 만들어 주무 부서에 전달했고, 그 많은 내용들을 간단하게 A4 용지 4장으로 요약한 자료를 만들어 동 학년 담임 선생님들한테 나눠드렸다. 따로 파워포인트 32개짜리 자료도 제작해서 역시 담임 선생님들께 나눠드렸다.

그동안 출장을 두 번 다녀왔으며, 공문서를 17개 받았고, 그중 4개를 조사하고 통계를 내고 기안으로 만들어 보고했으며, 쉬는 시간과 점심시간 틈틈이 우리 반 환경미화 관련 게시물들을 만들어 교실 환경을 바꿨다.

학부모님들에게 보내는 편지를 썼고, 아이들로 하여금 그에 대한 회신서를 가져오게 했으며, 죽은 나무가 불쌍해 눈물 나오게 만드는 가정통신문 5개와 그래도 중요한 가정통신문 7개, 이걸 꼭 가정통신문으로 내보내야 하나 싶은 가정통신문 9개를 보내고 그중 15개 회신서를 수합했다. 급식 관련 설문조사를 했으며, 석식 관련한 신청을 따로 받아서 제출했다.

자, 그러니 살펴보자.

일과 중에는 당연히 수업을 해야 한다. 수업이 비어 있는 시간이라고 다른 업무를 볼 수 있는 게 아니다. 끊임없이 찾아와 끊임없이 자신들의 요구를 이야기하는 학급 아이들이 있다. 아이들과 선생님들이 다 있는 시간이라야 야간자율학습과 방과후수업에 대한 수요 조사가 가능하고, 이에 대한 독려가 가능하니 그나마 잠시라도 비는 시간이 있으면 그 수요 조사와 독려는 짬짬이 학교 사방을 뛰어다니며 하는 수밖에 없다.

그렇다면 앞에 적은 많은 일들은 언제 할 것인가. 당연히 야근은 필수다. 하루도 거르지 않고 밤 9~10시 퇴근이니, 새벽 6시 반에 나와서 15시간을 학교에서 보내는 셈이다.

드디어 3주가 지나가고 있는 오늘.

사실 이번 주부터는 애들 상담을 시작하려고 마음먹고 있었다. 그런데 딸랑 3명 상담했을 뿐인데, 온몸이 으슬으슬거리면서 오소소 소름이 돋고, 속에서는 구역질까지 치밀어 오른다. 아무래도 감기거나 몸살이거나 뭐 그런 놈이 다시 날 찾아온 듯하다. 아프면 안 된다고 악착같이 버티던 지난주 학부모 총회가 끝나고 나니 내 몸이 내 귀에 대고 살살 속삭인다.

- 이제 좀 아플 때가 되었지? 응?

야자 감독을 하다가 떠오르다

올해 들어 첫 야간자율학습 감독 중이다.

3교시로 이루어진 야간자율학습 시간표상 가장 마지막 시간, 출석 체크를 하고 자리에 앉으니 자습실 의자 뒤로 몸이 축 늘어진다. 오늘도 다 갔구나, 싶은 안도감에 갖가지 상념이 불나방 날아들 듯 달려들었다가 다시 공중을 부유하며 날아다닌다. 그중 한 마리의 불나방이 불현듯 날아가 앉은 게 13년 전 어느 날의 기억이다.

중학교 교사로 발령받아 근무하다 막 고등학교로 발령받

아마도 난 위로가 필요했나보다

은 그해 2월 첫 출근 날.

새로 옮겨간 학교의 전체 교직원 회의가 잡혀 있는 날이라 잔뜩 긴장해서 출근해 보니, 맡겨진 업무가 교무기획이었는데 교육과정 업무까지 같이 얹혀 있었다. 두 개는 완전 별개의 업무라 한 사람이 두 개의 업무를 한꺼번에 맡는 경우는 별로 없었다. 특히나 교육과정 업무는 그 자체로 전문성이 필요해서 다른 업무를 보태주는 경우가 거의 없는 데다 보통은 그 업무 하나만으로도 지질려 하는 사람이 많은 업무다. 교무기획 역시 교무 업무 전반을 책임지는지라 학교 여력이 되면 담임을 빼주는 경우도 많았다. 그런데 일 많다고 소문난 업무 두 개가 합체되어 내 몫의 일로 떨어진 거다.

맡겨진 업무에 놀라 허걱~하며 뒤로 넘어가다가 혹시 해서 뒷장의 담임 분장표를 살펴보니 심지어 떠억하니 2학년 담임으로 내 이름이 올라 있는 게 아닌가. 아, 중학교에서 올라온 사람이라고 대부분 사람들이 하기 싫어하는 업무를 아예 한꺼번에 얹어서 나를 준 거구나 싶어 울고 싶어졌다. 그러나 그게 끝이 아니었다. 수업시간을 짜는데 주당 18시간이 내 몫의 수업으로 주어졌다. 그것도 세 과목에 걸쳐서 주당 8

차시로 시간표가 구성된 것이다. 설상가상 2학년 담임 구성원 중에 국어 과목은 나밖에 없어서 매일 이루어지는 방과후 보충수업까지 혼자서 하란다. 그러니 일주일 총 수업 시간은 23시간이 된 셈이다.

업무도 업무였지만 막상 고등학교 발령받은 첫해 주당 8차시 수업을 준비한다는 건 만만치가 않았다. 주중에는 아무리 야근을 해도 두 사람 몫에 해당하는 업무를 엎어서 준지라 매일 떨어지는 일을 소화하는 것만도 벅찼고, 주말엔 깡그리 가사노동과 육아를 포함하여 8차시 수업을 준비하는 데 모든 시간을 몰빵하는 거 외에 답이 없었다. 이렇듯 정신 없는 주말을 보내고 월요일 출근하면 한 주 동안 교육과정 회의 땜에 출장 다녀오랴, 교무기획 업무하랴, 교육과정 관련 설문조사하고 통계 내랴, 교육과정 회의 주관하랴, 23시간 수업하랴, 반 애들 상담하랴 숨 돌릴 틈도 없이 줄줄이 사탕처럼 일이 몰려들었다. 퇴근할 때쯤 내 넋은 저 멀리 도솔천(兜率天)을 헤매고 있는 것만 같았다. 그 시절 거의 매일을 밤 10시 넘어 11시 가까이 야근을 해야 하는 날이 부지기수(不知其數)였다.

그럼에도 불구하고 야근하다 퇴근하려면 화장실에서 뭐

아마도 난 위로가 필요했나보다

안 닦고 나온 것처럼 남은 일들을 흘낏거리게 되었다. 하루 종일 일을 했지만 남은 일거리는 여전히 차고 넘쳤다. 그렇게 찜찜하게 퇴근해서 집에 도착하면 거의 11시 반. 씻고 다음 날 아침거리 준비해놓고 애들 좀 챙기면 새벽 한 시. 뼈 마디마디가 시리는 몸뚱이를 침대로 밀어 넣으면, 아주 잠깐 눈을 감았을 뿐인데 창문이 벌겋게 밝아왔다. 새벽 5시 반부터 부산을 떨어 아침 차려놓고 집을 나서면 6시 반, 7시 20분까지 교무실 입실. 7시 반에 교실 조회 들어가면 그때부터 다람쥐가 쳇바퀴 돌듯, 시시포스가 바위를 밀어 올리듯 하는 하루가 다시 시작되었다.

　　지금도 기억한다, 그 날짜. 6월 8일.

　　그날도 어김없이 같은 시간에 출근했고, 저 깊은 바다 속 '해저 2만 리'에 나올 법한 그 심연의 바다로 하염없이 빨려 드는 것 같은 무거운 몸뚱이를 이끌고 아침 자습지도를 위해 교실로 들어갔다. 평소 같으면 교탁에 버티고 서서 출석부니 뭐니 서류라도 살피며 자습지도를 했을 텐데, 그날은 달랐다. 그 며칠 전부터 계단을 오르다가 혹은 자리에 앉아 컴퓨터로 작업을 하다가 세상이 핑글핑글 돌면서 지구가 자전과 공전을 동시에 하고 있다는 걸 몸으로 실감하는 경험이 몇 번 있었다. 그날 아침은 지구의 자전설과 공전설이 몸으로 체감되는 느낌이라 아무래도 안 되겠다 싶어 의자를 끌어다 놓고 교실 정 중앙에 앉아서 아이들을 바라보고 있었다.

어느 순간 세상이 참 하얗다, 고 생각했다. 왜 아무것도 안 보이고 하얀색으로 빛이 날까 하다가 기억을 잃었다. 눈을 떴을 때는 병원 침대였다. 응급실까지 따라온 보건 샘이 말해준 바는 다음과 같았다. 내가 교실 의자에서 갑자기 쿵 소리를 내며 바닥으로 미끄러져 내렸고, 바닥에 길게 늘어져 하얗게 질린 채 의식을 잃은 나를 보고 우리 반 아이들이 비명을 질렀고, 옆 교무실에서 몇몇 선생님이 달려왔고, 누군가가 119에 연락을 했고, 급한 대로 보건 샘이 들것을 찾아서 가져왔고, 힘 좋은 남자 샘들이 나를 들어 들것으로 옮겼다고 했다. 그 사이 누군가 신고했는지 요란한 소리를 내며 구급차가 달려왔고, 철딱서니 없는 다른 학년 녀석들은 구경거리 생겼다고 신난다고 창문가에 몰려들어 다닥다닥 달라붙어서, 운동장까지 들어온 구급차를 보며 휘파람 불고 손뼉을 치고 발을 구르며 악을 썼다고 했다.

아마도 난 위로가 필요했나보다

내가 실려 간 병원 응급실 의사는 무미건조하고 아무 감정도 실리지 않은 목소리로 말했다.

– 과로인 거 같아요. 혈압도 낮고 체온도 낮아요. 혈당도 낮고. 좀 더 검사를 받으실 건가요?

괜찮다고 했다. 집으로 가겠다고 했다. 그는 안경을 고쳐 쓰며 여전히 무미건조하게 그러라고 했다. 후들후들 떨리는 다리 한쪽을 한 손으로 진정시키면서 다른 한 손으로는 응급실 침대의 철제 난간을 붙들고 병실 바닥에 발을 내려놓았다. 차갑고 딱딱한 시멘트의 냉기가 바닥 얇은 병실 슬리퍼 안으로 파고들었다. 보건 샘이 질색을 하며 일단 집에 연락부터 하자고 했다. 싫다고 했다. 집에는 연로한 시어머니와 어린아이들만 있을 뿐이었다. 연락한다 해도 옆지기는 직장에서 달려올 형편이 되지 못할 것이다. 어린아이들 때문에 역시 달려올 형편이 되지 못하는 시어머니는, 본래도 겁이 많고 걱정이 많은 분이었다. 아마도 걱정만으로 숨도 쉬지 못하고 당신이 먼저 쓰러질지도 몰랐다. 보건 샘은 왜 이렇게 미련을 떠느냐고 화까지 냈지만 팔로는 나를 부축해주었다.

막상 병실 바닥에 한 발 내려디디고 나니 걸을 만했다. 후들거리는 한쪽 다리를 손으로 누르면서 비틀비틀, 흔들흔들 걷는데 엉뚱하게 머릿속에는 '흔들리지 않고 피는 꽃이 어디 있으랴' 하는 도종환의 시구가 떠올랐다. 지금 내가 흔들리는 것도 어쩌면 피어나려고 그러는 거야, 생뚱맞은 상념 속에 여전히 흔들거리며 걸음을 떼어놓는 나를 보고 보건 샘은 계속 미련 곰팅이라고 화를 냈다. 하지만 왜 집에 연락부터 하지 않느냐고 다시 화를 내면서도 그녀는 나를 위해 택시를 잡아주었고 집까지 데려다주었다.

그럭저럭 다음 날 하루는 병가를 내고 쉬었지만, 그다음 날부터는 다시 출근하기 시작했다. 오롯이 내게 맡겨진 마흔일곱 명의 아이들이 있었고, 바로 처리해야만 되는 일들이 쌓여 있었고, 무엇보다 직장은 심심풀이로 다니는 곳이 아니었기 때문이다.

돌이켜보니 13년 전의 일이다.

올해 들어와 시작된 야간자율학습의 첫날, 감독하는 밤이 깊어가다가… 이제 끝나가고 있다. 상념의 불나방들은 저 멀리 쫓아버리고 뒷마무리를 해야 할 시간이다. 마치고 집에 가면 11시가 넘겠구나. 주섬주섬 책상을 정리하고 아이들 자리를 살펴봐야겠다고 중얼거리며 일어난다.

망한 하루

1.

작년에는 맘고생 때문이었는지 연말에 몸무게가 갑자기 3kg이나 줄어드는 바람에 휘청했던 적이 있다. 맘이 힘들면 고스란히 몸으로 받아내서 자기 살을 뽀작뽀작 태우고 말려 먹는 못된 승질머리를 타고난지라 먹은 건 고대로 가슴께에 얹히고, 겨우 소화시키기 위해 위장으로 밀어 내리면 도로 목구멍으로 기어 올라와 식도를 태우는 역류성식도염을 오래 앓았다. 결국 식도염이 심해져서 부은 식도가 목구멍을 누르고, 그 때문에 목소리조차 안 나오는 상황까지 내몰렸다. 그

때문에 약을 한 주먹씩 먹어대며 버텼다.

그런데 올해는 마음이 너무 편한 상황이라는 게 문제가 되고 있다. 작년에 순삭한(?) 몸무게를 아주 빠른 속도로 되찾아 왔을 뿐만 아니라, 6개월 만에 3kg을 더 불려서 기존에 입고 다니던 바지를 입을 수 없는 몸이 되었다. 그러니 이번 여름에는 불어난 살을, 특히 뱃살을 넓은 마음으로 품어주는 원피스만 주구장창 입고 다닌다. 물론 억지로라도 바지를 꿰어 입으려면야 어찌 뜻을 이루지 못하겠느냐만 무리를 해서 하는 일들은 언제나 그렇듯 반드시 동티나는 상황을 만들고야 만다.

그러니까 오늘 아침에 발생한 사태와 같은 거다.

방학인데도 방과후수업과 대입 상담과 학교생활기록부의 '교과별세부능력및특기사항' 입력으로 거의 매일 12시간 근무 중이다. 장시간 근무로 피곤한 것도 피곤한 거지만 그 긴 시간 동안 에어컨 바람에 무방비로 노출되다 보니 머리는 띵해지고 원피스 바깥으로 드러난 팔다리는 동상에 걸릴 것만 같이 싸늘하게 식어가는 게 더 문제였다. 그렇다고 에어컨을 끄고 있을 수도 없다. 일단 상담하는 아이들이 덥다고 아우성이다. 그렇지 않아도 학교까지 걸어오느라 더워서 연신 손 선풍기를 돌려대며 헥헥대는 녀석들인데 나 춥다고 에어컨을 끄면 아마 상담을 아예 안 받을 거다. 더하여 부모님까지 함께 오는 경우도 많으니, 더더욱 에어컨 돌아가는 건 필수다.

그러니 난 이 여름에 추워 죽을 것만 같다. 유난히 추위를 타서 가을도 되기 전 스웨터부터 찾아 입는 인간이 하루 종일 에어컨 바람을 맞받으며 버티자니, 한여름에 동사(凍死)할 지경이다. 결국 왼 종일 파랗게 식어가는 내 몸뚱이가 가여워서 오늘만큼은 팔다리 드러나는 원피스 좀 그만 입고 아랫도리를 감싸주는 바지를 입고 출근하자고 결심했다. 그러나 막상 바지를 꺼내어 몸에 꿰려고 하니 바지라는 놈이 허벅지부터 안 올라가겠다고 앙탈을 부린다. 떼쓰는 놈을 어르고 달래고 협박하고 쥐어박아서 어찌어찌 끌어올렸다. 마지막까지 앙탈을 부리며 몸부림치는 놈을 겨우 설득해서 단추를 잠그고 바지 지퍼를 힘주어 올리는 순간, 찌이익~ 하는 소리를 낸다. 녀석이 완전 뻗어버린 거다. 맞다. 지퍼가 고장 났다. 그대로 쩍 벌어지더니 다시는 입을 다물지 않는다. 벌어진 상태 그대

아마도 난 위로가 필요했나보다

로 완전 배 째라 자세로 뻗은 채 나를 보며 느물거리며 웃는
다. 젠장.

하는 수 없이 원래 입고 다니던 원피스를 도로 꺼내 입고
출근했다. 그리고 하루 종일 냉기가 샤워기 물처럼 쏟아져 내
리는 에어컨 앞에서, 걸어오느라 덥다고 말씀하시는 부모님
들 때문에 찍소리도 못하고 콧물 찔찔거리며 상담했다. 한 사
람당 최소 두세 시간은 걸리는 상담이 진행되는 동안, 제대로
올라오지 못하고 목구멍에 걸려 꺽꺽대는 목소리를 어거지
로 쥐어짜면서 말이다.

망했다. 망한 하루다.

2.

일이 좀 남은 날은 새벽 1~2시에 누울 때도 있지만, 보통
은 밤 12시 반에 잠자리에 누워 아침 5시 반에 기상한다. 집에
서 한참 걸리는 지역의 학교로 발령받고 난 후, 그 시간에는
일어나야 시간 맞춰 출근하는 게 가능하다. 5시 반에 일어난

다고 해도 준비 시간이 그닥 넉넉한 건 아니다. 허겁지겁 허둥지둥 헐레벌떡해야 한다.

아, 물론 10분만 더 일찍 일어나도 좀 여유가 있으련만, 잠은 깼는데 일어나기 싫어서 그냥 눈을 감고 뒹굴거리며 시간을 보낼 때가 많다. 휴대폰의 알람이 오두방정을 떨며 있는 대로 울어대면 그제야 무거운 몸을 밍기적 밍기적 일으킨다.

일어나면 우리 집 고양이 코코 화장실 치워주고 코코 마실 물 갈아주고, 10년째 기르고 있는 거북이 수족관의 조명을 켜고 사료 주고, 전날 설거지한 그릇들 챙겨 찬장에 차곡차곡 집어넣고, 세탁기에 빨래 넣어 애벌로 돌린다. 그러고 나서 가족들 아침 끼니는 대충, 정말이지 대충 챙겨놓고 출근 준비를 한다. 머리를 감고 옷을 챙겨 입는데 어쩐지 당연지사처럼 매일 하는 화장은 죽고 싶을 만큼 하기 귀찮다.

출근이 급하다 보니 감은 머리 제대로 안 말리고 집을 나서는 건 예사다. 그런데 머리 말리는 것보다 더 하기 싫은 화장은 어떻겠는가. 대충 기초 화장품만 바른 채 나와서, 차 운전하다 신호에 걸리면 눈썹 하나 그리고, 그다음 신호 대기에

아마도 난 위로가 필요했나보다

서는 어기적어기적 립스틱 칠하는 경우가 다반사다.

　　그러다 오늘…….

　　한 녀석이 아침부터 무언가 할 말이 있는 것처럼 내 주변에 와서 머뭇거린다. 평소 조용하고 내성적인 성격이라 교무실에 와서도 내 자리 근처에서 왔다리 갔다리만 하다 그냥 가는 경우가 많은 녀석이다. 오늘도 주변만 맴돌기에 그런가보다, 여전히 바쁜 나는, 평소처럼 사탕 한 알 주고 공문 처리하다 수업 들어가다 그랬다.

　　그런데 이 녀석이 도저히 참을 수 없는지 결국 점심시간에 따로 나를 찾아왔다.

나	아까부터 자꾸 뭐 마려운 강아지처럼 왜 샘 주변을 맴도는 거야~~ 응? 왜 그래에~~~
녀석	저기요….
나	그니까 왜~~~
녀석	샘, 눈썹 한 짝이 없어요.
나	…….

녀석의 말에 짚이는 바가 있어 급하게 책상 위에 있는 거울을 보니, 이것이 어찌 된 일인가. 아침에 한 화장은 이미 땀과 바람에 날아가 두 뺨이 번들거리는데, 아뿔싸, 정말 녀석의 말대로 한쪽 눈썹이 보이질 않는다. 생각해보니 출근길 차 안에서 급하게 눈썹을 그리다 신호가 바뀌는 바람에 나머지 한짝 그리는 걸 잊어버린 거다. 그러니까 한 쪽 눈썹만 휘날리며 오전 수업을 다 한 셈이다.

　　망했다. 망한 하루다.

아마도 난 위로가 필요했나보다

반띵합시다

　여름방학이지만 오전 7시에 출근한다. '자기소개서 쓰기' 특강 때문이다. 노트북을 열고 그날 수업할 내용을 체크하다가 중간에 짬을 내서 빈 교실에 올라가 에어컨을 미리 켜놓는다. 아이들이 오기 전 교실이 적정한 온도가 되려면 미리 가동시켜야만 한다. 일반 건물들과 달리 학교 건물은 여름엔 덥고 겨울엔 무지 춥기 때문이다. 다시 내려와 수업 준비를 한다. 그리고 8시부터 한 시간 반 동안 '자기소개서 쓰기 특강' 수업을 한다.

　이후 9시 반이나 10시부터 대입 수시 상담을 시작하는데 한 아이 상담에 주로 두 시간 반에서 세 시간 정도 걸린다. 산출된 내신 성적이랑 평균등급, 학교생활기록부에 적혀 있는 사실들만 가지고 단순하게 수시 지원 가능한 6개 대학을 골라내는 정도라면 30분 안에 끝낼 수도 있다. 상향 지원, 적정 지원, 안정 지원을 적절히 배분해서 수시 상담록을 채우는 데는 20~30분도 채 걸리지 않는다.

하지만 문제는 다른 데 있다. 대부분의 아이들은 자신이 어떤 전공을 선택해야 하는지 결정하지 못한 채 상담하러 온다. 초중고 12년 동안 집에서 보내주는 대로 학원 열심히 다니면서 국어, 영어, 수학 중심으로 점수 올리는 데 열중한 모범생이든 공부와 담을 쌓고 있다가 뒤늦게 대학을 가야 하는 건가 싶어서 기웃거리는 아이든 막상 대학을 지원하는 순간에 맞닥뜨리면 어리둥절해 하는 경우가 대다수다. 자신이 원하는 게 무언지, 자신의 적성은 어떤지 그때까지 살면서 진지하게 고민해본 적이 별로 없는 경우가 허다하다. 아니 고민은 했을 것이다. 그러나 어렸을 때부터 주변에서 시키는 대로 하는 것에 익숙하다 보니 막연하게라도 자신이 정말 하고 싶은 게 뭔지 잘 모른다. 생각해보면 자신이 하고 싶은 게 무언지 알려면 치열하게 부딪혀 봐야 하는데 그러기에는 초중고 12

년 동안 겪을 수 있는 경험의 폭이 한정되어 있다.

그러니 대입을 상담해야 하는 고3 담임의 입장에서는 황당하게도 아이의 적성이 무엇인지부터 상담할 때가 더 많다. 인문계열이긴 한데 상경계열을 지원하는 게 좋은지 아님 어문계열을 지원하는 게 좋은지조차 막막해하며 자리에 앉는 아이와 마주하는 경우가 대부분이기 때문이다. 생활기록부를 꼼꼼하게 살펴보면서, 혹은 학기 초 장래 희망이라고 적어냈던 걸 다시 들춰보면서 이것저것 물어보고 하나씩 맞춰가다 보면 어느새 두세 시간은 훌쩍 사라지고 없다. 성적이 좋은 경우에도 지원할 대학과 전공을 정하는 데 어느 정도 시간이 필요하지만, 성적이 그다지 만족스럽지 못한 경우에는 많은 시간을 할애해도 어디를 지원할지 가늠하기 어려울 때가 더 많다. 그만큼 대학 진학이 인생의 전부는 아니라고 하지만, 대입 상담이란 게 최소한 인생의 방향키 정도는 잡아주는 의미가 있지 않나 싶다.

특히 부모님도 같이 오시는 경우에는 시간이 더 길어진다. 아이들이야 평소 자기네들끼리, 혹은 선생님들로부터 혹은 진학지원부에서 제공하는 여러 프로그램 등을 통해 어느 정도 대학 입시에 관한 정보를 가지고 있고 알고 있지만, 부모님들은 최근의 입시가 생판 낯설다고 하는 경우가 많기 때문이다. 그럼에도 불구하고 자료를 직접 보여드리고 자료에 대해 해석해 드리고 어째서 그 대학을 지원하는 게 다른 대학보다 좀 더 합격 확률이 높은지를 설명하면서 두세 시간의 상담을 마치고 나면 한결 개운한 표정들을 짓는다. 그리고 말한다. 설명을 들으니 그 대학에 지원을 해야 하는 이유를 알겠다고, 요즘 입시가 생뚱맞다고 투덜댔는데 꼭 그렇지만도 않은 것 같다고, 대략이지만 이제야 감이 잡힌다고. 대입 상담의 보람이다. 그러나 그렇게 웃을 수 있게 만드는 데 걸리는 시간이 최소한 서너 시간이다.

얼마 전 일이다.

상담을 거의 마칠 때쯤, 현행 입시제도에 대한 이해를 돕는 장시간의 설명에 어머님께서 조금 안심이 된다는 표정으로 말했다.

- 아는 건 하나도 없지, 이 자식은 세월아 네월아 말을 안 듣지, 대학 지원을 앞두고 얼마나 답답했는지 몰라요. 글쎄 점까지

아마도 난 위로가 필요했나보다

보고 왔어요. 어느 대학 써야 되는지 좀 물어보느라고요. 근데 점 보는 분 말이 딱 맞네요.

- (잠시 당황했으나 웃으면서) 점 보는 분이 뭐라고 하던가요?
- 글쎄, 담임 잘 만났으니까 어느 대학 쓸지 고민하지 말고 무조건 담임 선생님 말 잘 듣고 시키는 대로 원서 쓰면 된다고 그러더라구요.
- 아…… 어느 대학 지원하면 붙는다는 점괘는 안 일러주고요?
- 그냥 담임 선생님 말 잘 들으면 된다고, 담임 잘 만났다고요.
- 그래도 복채를 어느 정도는 내셨을 텐데 어느 대학에 지원해야 하는지 점괘는 뽑아주는 게 상도의(商道義)에 맞는 거 같은데요.

라고 하다가 같이 웃고 말았다. 우리 이야기를 듣다 듣다 참지 못하고 우리 반 녀석이 끼어들었다.

- 엄마, 그거 점 보는 사람이 돈 받고 담임 샘한테 책임 전가한 거야.

내가 하고 싶은 말이다. 아니, 기껏 복채랍시고 돈을 받았으면 어느 대학 지원하면 합격하는지 정도는 말을 해주는 게 영업상의 도리에 해당하지 않나? 그 정도도 안 해줬다니 그건 좀 아닌 거 같다. 뒤집어 말하면 돈은 본인이 받고, 지원해야 할 대학을 맞히는 건 오로지 나보고 하라고 떠넘긴 게 된다. 한 마디로 상도의에 어긋나는 행동이다. 그렇거나 말거나 어머님도 웃고 나도 웃고 녀석도 웃으면서 상담은 마무리되었다. 그런데 마지막까지 하고 싶었으나 하지 못한 말이 있다. 점 보신 분께 가서 말하고 싶다. 이렇게 말이다.

- 그 복채, 반띵합시다, 우리. ㅎㅎㅎㅎㅎ

아마도 난 위로가 필요했나보다

이열치열

초복(初伏)을 거쳐 중복(中伏)마저 지났다. 어느덧 장마는 소강상태에 접어들었고 오늘부터는 드디어 열대야가 나타날 거라고 출근길 아침 방송의 아나운서는 예보에 어울리지 않는 사근사근한 목소리로 친절하게 알려준다. 누가 복(伏) 중 아니라고 할까 봐 아침부터 덥다. 그러나 예로부터 선조들께서 말씀하시길 더위를 차가움으로 다스리지 말고 같은 열(熱)로 다스리라 했으니 이른바 이열치열(以熱治熱)이다.

고등학교 3학년 담임에게 여름방학은 없다고 해도 과언이 아니다. 여름방학이 끝나자마자 바로 수시접수가 시작되고, 수시접수 시작되면 추천서니 자기소개서니 해서 아이들이 해야 할 일들이 코앞에 닥치고 이건 또 고스란히 담임의 몫으로 다가오는 경우가 많아서 얼이 빠질 정도가 된다. 그러니 여름방학에 학급 아이들 수시 지원과 관련한 상담을 어느 정도는 끝내 놓아야 하기 때문이다.

방학하고 일주일이 지났건만, 오늘도 평소처럼 7시 반까지 출근해 자기소개서 쓰기 특강을 하고 40여 명 학생의 자기소개서 틀을 잡아주고, 두세 시간 간격으로 3명의 대입 수시 상담을 마치고 나니 어느새 창밖이 어둑해진다. 수시 상담 기록을 갈무리하고 막 퇴근을 하려는데 전화벨이 울린다. 외부 전화다. 인근 중학교에 다니는 아들을 둔 학부모란다. 아들이 상위 1%의 성적을 유지하는데, 고등학교 선택을 앞두고 특목고나 자사고를 지원할지 아니면 우리 학교와 같은 일반고를 지원할지 고민이 되어 전화했단다.

하루 종일 정신없이 바빴고 퇴근을 앞두고 목소리마저 꽉 잠겨 나오지 않을 만큼 지쳐 있었지만, 알고 있는 범위 내에서 최대한 설명을 드렸다. 특목고와 일반고의 장점과 단점, 그중에서도 특히 현행 입시 체제하에서 대학 진학과 관련해

아마도 난 위로가 필요했나보다

어떤 장점과 단점을 가지는지를 비교해 드렸다. 우수한 성적의 아이가 일반고로 진학했을 때의 장점을 역설했다. 그랬더니 우리 학교에서 이루어지는 프로그램이나 교육활동에 대해서도 알고 싶다고 하신다. 다시 또 설명을 했다.

그러나 마지막으로 그분이 덧붙인 질문에 잠시 멍해졌다. 성적이 좋은 아이가 입학했을 때 그 학교에서는 어떤 식으로 관리를 해줄 수 있으며, 그 관리를 통해 소위 명문대를 보내줄 수 있겠느냐고.

경쟁사회에서 부모들이 가지고 있는 불안과 답답함을 모르는 바 아니다. 대학 입시라는 것이 특히나 내 아이가 열게 되는 경쟁사회의 첫 문이 될 거라는 불안은 아이의 미래를 부모도 함께 찾아야만 한다는 절박감을 낳는다. 학교 현장에서도 그것을 인정하고 가야 한다. 단지 공교육 현장의 교사 입장은 또 다를 수밖에 없다.

- 전혀 다른 자식 셋이 있다고 하면요, 아마도 각양각색의 아이
  가 있다고 가정하면요. 구태여 잔소리하지 않아도 공부 잘하
  고 뭐든지 알아서 척척 해내는 모범생인 아이가 있구요, 별로

공부를 잘하는 것도 아니고 특별한 재주도 없지만, 있는 듯 없는 듯 별 특징이 없으면서도 나름 즐겁게 생활하는 아이도 있구요, 학교 다니는 걸 참 힘들어하면서 공부는 뒷전이고, 매사 불만투성이에 소위 말썽을 부려서 마음 쓰이는 아이가 있을 수 있어요. 학교는 이렇게 전혀 다른 세 아이가 모여 함께 하는 곳이라고 보면 됩니다. 이 아이들 모두를 우리 사회의 건강한 시민으로 길러내는 게 공교육 기관의 의무일 겁니다. 어느 아이가 특출하다고 그 아이만 따로 '관리'하는 건, 공교육이 가지고 있는 본래의 모습과는 거리가 있지 않을까요.

그러자 그분도 가느다랗게 한숨을 쉬며 다음과 같이 말하고는 전화를 끊었다.

– 그러게요. 언제쯤 우리는 그런 여유를 가지고 아이들을 대할 수 있을까요. 저도 막상 우리 애가 고등학교를 선택해야 하고 대학 입시가 코앞으로 닥치는 시점이 왔다고 생각하니 가슴이 답답하고 막막해지기만 하네요.

언제나 그렇듯 '날 것 그대로의 현실'과 마주할 때면 불편하다. 나에게는 '우리 사회의 건강한 시민을 길러내는 것'과 정

아마도 난 위로가 필요했나보다

작 눈앞에 보이는 '경쟁사회' 라는 현실이 주는 괴리가 명치께 어디메쯤에 걸려서 불편함으로 또아리를 틀고 앉아 있다. 학부모나 아이의 불안과는 매일 직면해야 하고, 그럼에도 불구하고 공교육이 가져야 할 본래의 의무와 책임을 외면할 수도 없다. 불현듯 얼굴에 열감(熱感)을 느낀다. 공교육은, 학교는, 아니 교사는 이러한 개개(箇箇)의 현실과 마주하면서 어떻게 조율해야만 성숙한 교육자의 자세를 견지할 수 있는 걸까.

이제 보니 옛말 그른 게 하나 없는 듯하다. 뱃속 저 깊은 곳에서부터 묵지룩하니 열이 올라오다 보니 오늘같이 더운 날, 더운 줄도 모르겠다. 뱃속에서 올라온 열감은 손과 발을 데우고 심장의 피를 끓게 하더니 머리까지 뜨끈거리게 만든다. 그러니 밖의 열기 따위 가볍게 무시된다. 모름지기 '이열치열' 은 일리가 있는 말이다. 하나도 안 덥다. 그러나 한 가지, 오늘 정신없이 바빠서 학교식당에 삼계탕이 나왔다는데 국물 한 모금 못 먹은 게 좀 아쉽기는 하다.

상처 받지 말아라,
받더라도 너무 많이 받지는 말아라

　새벽 5시 10분. 알람이 오두방정을 떨며 시끄럽게 진동한다. 일어났다. 씻고 거북이 사료 주고, 코코 화장실 치워주고, 코코 아침 주고 6시 출발. 학교 도착하니 6시 45분이다. 이른 시간이라 안 막힌 탓도 있지만, 기실 수능 날이라고 어지간한 관공서와 대기업들이 출근 시간을 늦춘 탓도 있을 것이다. 평소 변비라도 걸린 것처럼 붐비던 내부순환로가 텅텅 빈 걸 보면 말이다. 식당에 가서 간단하게 아침 먹고 그때부터 수능 복도감독관 일을 시작했다.

　하루 종일 추운 복도에서 이리저리 뛰어다니다, 마지막

아마도 난 위로가 필요했나보다

제2외국어 시간까지 끝나고 나서, 감독관 탁자와 바닥에 널부러진 온갖 잡동사니들을 정리하다 보니 시간이 꽤 흘렀다. 정신을 차려보니 다들 저녁을 드시러 나가고 나 혼자다. 나가기 전 저녁 식사 자리가 어디니 찾아오라고 보낸 문자만 휴대폰 화면에 달랑 떠서 깜빡거린다.

그러나 막상 밥 생각도 없고 해서 우리 반 교실이나 어딘가 살펴보려고 갔다. 교실 문을 열었을 때 돌아가지 않고 빈 교실에 그때까지 남아 있는 여학생이 눈에 들어왔다. 다가가 보니 얼굴이 온통 젖어있다. 귀밑머리마저 젖어서 뺨에 찰싹 달라붙어 있는 품이 한참을 그렇게 울고 있었던 것 같다.

나도 모르게 어깨를 안았다.

- 울지 마. 다 잘 될 거야, 응? 너만 아니라 다른 애들도 시험 어려워서 잘 보지 못했을 거야.

내 말에 갑자기 봇물 터지듯 소리 내어 엉엉 울기 시작한다. 급기야 머리를 내 어깨에 기대고 들썩인다. 한동안 어깨를 빌려주며 만감이 교차했다.

내가 가르친 아이들 대부분은 수시로 대학을 갔고, 또 그 중 대부분은 수능 최저조차 필요 없는 경우도 많았기 때문에 기실 수능에 대한 긴장감을 별로 느끼지 못할 때가 많았다. 그러나 모두가 돌아간 쓸쓸하고 썰렁한 텅 빈 교실에 앉아 우는 아이의 어깨를 안고 있다 보니 문득 딸아이가 수능을 보았던 작년 기억이 떠올랐다. 딸아이는 정시로 진학해야 했기에 등급보다는 단 한 문제 한 문제에 민감할 수밖에 없었다. 여러 차례 치르는 모의고사에서도 한 문제 한 문제에 일희일비(一喜一悲)했다. 그러니 수능이 닥쳐올수록 예민해졌고, 불안해했다.

수능 보는 날 아침, 딸아이는 혹시나 하는 마음에 불안하다며 휴대폰을 아예 집에 두고 갔다. 휴대폰을 안 가지고 가니 끝나고 나서 연락할 길도 없고, 그러니 데리러 오지도 말라고, 그냥 대중교통 이용해서 돌아오겠다고 했다. 그러나 버스로 15분 정도 거리에 있던 시험장. 걷는 시간까지 해서 시험 끝나고 30분이면 집에 오고도 남는데, 도착 예정 시간에서 30분이 훌쩍 넘었는데도 안 오는 거다. 전화 한 통, 문자 하나 없었다. 카카오톡 창마저 조용한 걸 여러 번 확인하면서 심장이 두근거렸다. 속이 새카맣게 타들어 갔다.

아마도 난 위로가 필요했나보다

마음 졸이며 기다리는데 딸아이는 예정 시간에서 한참을 지난 시간에 울면서 집에 도착했다. 울며 집에 들어서는 딸아이에게서는 11월의 젖은 낙엽 냄새가 났다. 눈물에 젖은 볼은 추위로 빨갛게 물들었고 젖은 몸은 사시나무 떨듯 떨었다. 시험은 어찌 보았느냐, 잘 치르긴 했느냐 어떤 한 마디도 물을 수 없었다. 하염없이 눈물만 흘리는 딸아이의 손을 잡아 식탁에 앉혔다. 그저 갓 지은 밥과 막 끓인 찌개를 식탁 위에 올려놓으며 어서 먹으라고, 울면서 먹으면 체하니 눈물을 그치고 꼭꼭 씹어 먹으라고만 했다. 에미가 해줄 수 있는 건 예나 지금이나 따뜻한 밥밖에 없구나, 가슴 미어지게 생각했다.

벌써 일 년이 지났다. 딸아이는 그날 울면서 걷던, 낙엽이 뒹굴던 거리를 지금도 떠올릴까.

생면부지의 여학생과 꽤 오랫동안 서로의 체온으로 빈 교실의 냉기를 견디던 시간. 그 시간들은 작년에 수능을 보고 나서 딸아이가 걷던 낙엽이 뒹구는 거리, 살을 에는 듯한 찬 바람이 뺨을 얼얼하게 만들던 그 거리를 걷던 시간과 같을 것이다. 이 아이가, 지금 내 팔 안에서 파들거리며 울고 있는 이 아이가, 아직 날개가 다 여물지 않은 어린 새 같은 이 아이가 모쪼록 상처받지 않기를, 상처받더라도 너무 많이 다치지는 않기를 기도하는 시간이었다.

- 애야, 살아보면 인생에서 이토록 가슴 찢을 듯 울 일이 별로 없다는 걸 알게 될 게다. 지금은 견뎌야 하는 밤이 죽도록 힘들고 길고 어둡게 느껴지겠지만 시간이 지나면 다시 새로운 아침을 맞이하게 되는 법이란다. 실컷 울고 다시 일어나 걸어가려무나.

- 힘을 내려무나, 아이야.

예정되어 있는 저녁 식사 자리도 결국 마다하고 집에 와 그대로 쓰러졌다. 진통제와 항생제로 버틴 하루다. 저녁 7시. 다시 열이 오르고 있다. 염증이 사라지지 않았는지, 통증이 다시 스물스물 번진다. 침대에 시체처럼 누워 반 아이들이 치른 수능은 어땠는지, 다들 무사히 집에는 들어갔는지 연락만 기다리는데, 갑자기 아이들 카톡과 전화가 쏟아지기 시작했다. 역대급으로 수능을 잘 봤다며, 5번의 학력평가와 모의평가보다 이번 수능을 제일 잘 봤다며 흥분으로 '꺅 꺅 꺅' 소리를 지른다. 반 카톡 창도 시끄럽다. 온통 서로의 안부를 묻

아마도 난 위로가 필요했나보다

순 은혜를 그리 받았겠어요. ㅎㅎ 혹시라도 세월
어느 날, 여러분이 그래도 그때 그 담임 샘 괜찮
고 생각해주면 제일 고마운 일이지요. 혹여 저라
아예 기억 못 해도 되구요. 그저 한때 나를 스쳐 간
잘 살아주면 그걸로 우리 인연은 선(善)한 인연인
이상 바라는 것도 없어요.

나서 꼭 찾아오겠다, 혹은 찾아뵈어야지 그러지 않
어요. 살아가다 보면 알게 될 거예요. 보고 싶은데 영
지 못하기도 하고 이상한 장소에서 우연치 않게 마주
하고 그러는 게 인생이에요. 샘만 해도 초중고 12년
담임 선생님을 비롯하여 많은 선생님들과 인연을 맺었
지금까지 연락되는 샘은 담임 샘과 교과 샘 통틀어 딱
이거든요. 연락 안 드리는 샘이라고 꼭 싫어했다거나 그
그랬던 건 아니에요. 어쩌다 보니 연락이 끊기게 된 경
가 대다수고, 사는 게 바쁘다 보니 어영부영 시간이 흐르
시간이 흐르다 보니 막상 찾아뵙거나 연락드리는 게 어색
나이가 되기도 했구요. 그러는 사이 어떤 선생님은 돌아가
기도 했구요.

기 바쁘다. 수능 보기 직전까지 그렇게 열심히들 하더니 좋은 결과를 얻었구나 싶은 생각에 벌떡 일어나다가 아구구~ 소리를 지르며 다시 침대에 쓰러졌다. 그 순간만큼은 진통제도 듣지 않던 몸이 순간 다 나은 것 같은 착각마저 들게 한 거다.

오늘 수능을 본 모든 아이들과 부모, 선생님들은 하루 종일 마음을 졸였을 것이다. 이 한 번의 시험이 인생을 좌우하는 게 아님을 알지만, 대학이 인생의 전부가 아님도 익히 알고 있지만, 그래도 일 년 동안 이 시험을 준비해온 누군가에게는 간절히 잘 치르고 싶었던 시험이리라. 간절한 그 무엇이었으리라.

- 고생했다, 얘들아. 오늘 밤은 편히 자려무나.

나는 스승의 날이 불편하다

오늘이 '스승의 날'이란다. 작년 이맘때도 그랬고 올해도 그렇지만 '스승의 날'을 없애달라고 청와대 게시판에 올라온 국민 청원에 동의하고 왔다. 뭐 그에 대한 구체적인 이유, 그러니까 내가 왜 스승의 날을 불편해하는지에 대해 시시콜콜 설명하기는 좀 길다. 단지 스승의 날인 오늘, 조회 시간에 있었던 에피소드를 기록해본다.

아침에 교실 문 열고 들어갔더니 불은 꺼져 있고(아, 정말 클래식하다 ㅎㅎㅎ) 교탁 위에는 순백색 케이크의 촛불이 빛나고, 내가 문을 열고 들어오기만 기다려서 드디어 '스승의 은혜'

를 부르기 시작

- 스승의 은혜는

그제서야 맞다, 스
된 거 맞지, 하는 생각
'스승의 은혜'라니 꽤
도, 그 시간만큼 스승의
다. 학년 올라와서 이제 겨
고 있는 우리 반 아이들이
있겠는가. 거기에 더해 '스
아니다. 나는 '교사'일 뿐이
많이 민망한 사람이다. 쓸데없
라는 인간은 겸손이라든가 훈
인간이다. 언제나 그렇듯 객관적
기 고백이 장점인 인간이라 이렇
면 민망함에 몸을 꼬게 된다. 그래
니 화답은 해야지. 웃으며 말을 시작

- 우리 만난 지 이제 겨우 두 달이에요

이 저한테 무
이 많이 흐
앉던 거 같
는 사람을
여러분들
거고, 그

- 졸업하
아도 되
영 만나
치기도
동안
지만
세
래서
우
고
한

– 제가 이렇게 만남과 헤어짐에 대해 시크하다고 여러분과의 만남을 소홀하게 생각하는 건 절대로 아니에요. 그 대신 해마다, 매 학년, 어떤 반을 맡더라도 맡을 때마다 최선을 다하려고 해요. 지금, 여기, 여러분들과 있는 이 시간이, 어쩌면 제 인생 마지막 시간이 될 수도 있기 때문이에요.

– 물론 최선을 다 한다고 잘 한다는 보장은 없어요. 제 능력이 모자라서, 혹은 제 인성도 아직 완벽한 건 아닌지라 부족할 수도 있고 잘못할 수도 있어요. 그러니까 여러분들이 날 좀 좋게 봐줘요. 모든 인간은 부족하고 모자라고 어딘가 구멍이 있는 법이거든요. 대신 저도 여러분들 봐주는 거 많잖아요. 서로서로 봐주면서 올 한 해 최선을 다합시다.

– 하지만 이 모든 것에도 불구하고 올해 여러분이 제게 와주어서 고맙습니다.

사회나 언론이 우리를 그냥 좀 놔뒀으면 좋겠다. 우리를 다 아는 척, 자기들이 무슨 우리 머리 꼭대기에서 다 보고 있는 척하며 쓸데없이 가르치려 들고, 씹어대고, 없는 말 만들어대는데, 제발이지 부분을 전체로 확대해서 떠들지 않았으면 좋겠다. 스승의 날만 되면 모든 언론이 예전 교사들한테서 받은 상처를 비롯해서 요즘 학생, 학부모, 교사 간의 갈등, 교사들의 비리만 찾아내 떠먹하니 1면에다 장식한다. 다른 어떤 직업이나 사람에 대해서도 그 생일날 이리도 무례하게 구는 경우는 별로 없다고 생각하는데 말이다.

그래도 생각보다 현장은 잘 돌아가고 있고, 학생과 교사든, 학부모와 교사든 서로 미워하고 증오하는 경우보다 서로 좋아하고 신뢰하는 경우가 더 많다. 내가 우리 반 애들을 좋아하는 것처럼 말이다.

<덧 1> 대부분의 경우 조회 시간 시작하는 종 치기 1~3분 전에 교실로 들어간다. 별거 아닌 것처럼 보이지만 이게 생각보다 학급 아이들 지각을 감소시키는 효과가 상당하다. 담임이 별다른 잔소리를 하지 않더라도 정해진 시간에 교실에 존재하고 있으면 아이들은 어떻게든 정해진 시간 안에 교실에 도착해야 한다는 걸 인지하게 된다. 조금이라도 담임이 먼저 와서 기다리고 있는 시간은 아이들도 부담스럽기 때문이다. 그런 상황이 반복되면 작년까지 지각이 많아서 그동안 안 좋은 소리만 주구장창 듣던 아이마저 올해는 어느 정

도 달라지는 걸 볼 수 있다. 물론 이렇게 되기까지 매번 지각 한번 없이 정해진 시간보다 일찍 교실로 들어가야 하는 담임으로서는 무지 피곤한 일이긴 하다. ㅠㅠ

<덧 2> 오늘도 여전히 종 치기 전에 교실로 들어갔더니 한 녀석이 그런다. "와~ 샘 진짜 눈치 없다, 이런 날은 좀 늦게도 들어오고 그래야 애들이 준비하고 그럴 시간이 있는 건데, 진짜 눈치 없으시네요~" 맞다, 나 눈치 없다. 그래서 사는 데 애로사항이 많다. 자슥들이 담임 닮아간다고, 나처럼 사실로 뼈를 때린다, 일명 팩트 폭행이다. ㅎㅎ

아마도 난 위로가 필요했나보다

일과 후 바로 출장을 가야 해서 급하게 차를 몰고 막 나가려는 찰라, 교문 앞 정자에 세 녀석이 앉아서 도란도란 이야기하고 있는 게 눈에 띄었다. 작년에 가르치던 녀석들이다. 내가 또 그런 걸 그냥 지나치지 못하는 성정인지라, 교문 나서다 말고 차 창문을 내리고 웃으며 물었다.

- 뭐하니? 누구 기다리니? 왜들 집에 안 가?

녀석들이 까르르 깔깔 비눗방울이 하나씩 공중으로 날아오르다 방글방글 돌면서 팡팡 터지듯 웃는다.

아마도 난 위로가 필요했나보다

- 누구 기다려요.
- 집에 가기 싫어요. 오늘은 학원도 안 가는 날이에요. 더 있다
  가 갈게요.

초여름, 간만에 투명해진 하늘보다 더 푸르고 맑게 깔깔
거린다. 자슥들~ 나도 덩달아 심장에 파란 물이 드는 느낌에
젖으며 차 창문을 다시 올리려는 데 한 녀석이 그런다.

- 샘~ 운전 조심하세요.

심상하게 들으며 무심결에 창문을 마저 올리려는데, 녀석
이 내 차 가까이 다가와 창문에 얼굴까지 들이밀며 다시 한번
힘주어 말한다.

- 샘~ 진짜 운전 조심하셔야 해요.

그래, 알았다, 대답하고는 창문을 마저 올리고 출발했다.
교문을 나와 얼마 안 가 가로 세로로 그어진 사거리 앞 신호
대기 상태로 서 있는데, 갑자기, 떠올랐다. 그래, 한 달도 채 되
지 않은 일이다. 바로 이 자리였다. 출장 간다고 교문을 나온

지 얼마 안 되어 사거리 신호대기 상태로 서 있는데, 붉은색 신호를 가볍게 무시하고 시속 120km, 무시무시한 속도로 달려온 차가 얌전히 서 있는 내 차의 뒤를 그대로 들이 받아버렸다. 꽝, 하고 어디선가 폭약이 터지듯, 폭발하는 것 같은 소리가 나더니 내 차가 간단(間斷)없이 빙글빙글 돌기 시작했다.

한 바퀴 크게 원을 그리고, 다시 한 번 더, 그리고 또 둥글게 원을 그리면서 이 세상 끝날 때까지 돌 것처럼 빙글거리고 있는 차 안에서, 수없이 많은 생각과 기억들이 영상을 수천 배속으로 돌리듯 스쳐 지나갔다.

- 브레이크를 밟아야 하나, 아니 브레이크 밟으면 오히려 차가 튕겨져 나가려나, 핸들을 차가 돌고 있는 반대 방향으로 돌려볼까. 잠깐, 아까 받은 충격으로 블랙박스가 날아간 건 아닐까? 만약 경찰이나 보험회사에서 와서 사고 처리하려는데 블랙박스에 안 찍혀있으면 어떻게 되는 거지?

- 다음 주부터 중간고사 시작인데 우리 반 애들은 어쩌지, 출장 가느라 종례도 못 하고 나왔는데, 그러느라 책상 배열을 시험 대형으로 맞추라는 걸 전달하지도 못했는데 애들이 알아

아마도 난 위로가 필요했나보다

서 시험 대형으로 맞춰 놓고 갈 수 있을까, 이번 시험은 치르는 과목들이 좀 복잡할 거 같은데 애들만 놔두면 안 될 텐데, 고3이래도 컴퓨터 사인펜 안 가져와서 아침부터 헤매는 녀석들이 늘상 서넛은 되는데, 안 가져왔다고 아예 답지를 백지로 내면 어쩌지, 뭐라도 적으라고 닦달을 해야 그나마 한 줄로 찍기라도 하는 녀석이라도 있지, 그냥 아무 말 안 하면 정말 한 줄로 찍고 바로 자는 녀석이 수두룩 빽빽일 텐데.

− 이번 일로 행여 부담임 샘께 부탁하게 되면 그건 또 무슨 미안함이람.

− 이번 출장은 행사 진행 요원으로 가는 건데, 늦기 전에 행사 진행하는 분들께 사고 났다고 연락해야 하는 거 아닌가. 누가나 대신 그쪽으로 연락해 줄 사람 없을까. 연구사님들은 연락도 없이 안 온다고 답답해하실 거 같은데. 아, 이제 오른손이 움직이지 않아. 목을 돌려 핸드폰을 보려고 해도 목이 돌아가지를 않아.

− 설마 이 사고가 내 죽음으로 이어지는 건 아니겠지, 혹시 해서 평소 딸에게는 이제까지 기록해놓은 내 모든 자료와 글은

꺼내지도 말고 절대 읽지 말고 폐기 처분하라고 미리 일러두기는 했는데, 어디 있는지까지는 말하지 않았네, 은행 융자 빼고 개인적으로 빚진 건 없지만 개인적으로 빌려주고 못 받은 돈은 꽤 있는데, 그건 나만 알고 있는데, 영원히 못 받겠군. 예금과 적금, 그리고 현금화해야 할 물건들은 미리 가계부 뒤쪽에 기록해 놓았으니 딸냄이 알아서 할 거야. 그나마 그건 다행이군.

- 차 트렁크에 노트북이 들어있는데 만약 노트북이 망가진다면 내가 맡고 있는 학교 일 대부분의 기록과 자료가 날아가는 건데 이를 어쩌나. 당장 처리해야 할 학교 업무에 지장이 올 텐데, 아아 뒤 트렁크는 무사한가.

- 내일이 마감인 보고 공문의 내용은 우리 부서에서 나만 알고 있는데, 다른 선생님들이 챙기실 수 있을까.

- 오늘 저녁 식사 메뉴는 제육볶음으로 하려 했는데 내가 말해주지 않아도 애들이 냉장고에 재워둔 고기를 꺼내 해먹을 수 있을까.

아마도 난 위로가 필요했나보다

- 보험 계약에 관한 것도 나만 알고 있구나. 휴면 보험 알려주
   는 시스템도 있다니까 시간이 걸려도 가족 중 한 명이라도 그
   정도는 제대로 챙길 수 있겠지?

아마도 한 3~4분 남짓이었을 것이다. 대여섯 바퀴는 돌았
다고 하지만 순식간에 일어난 일이었다. 미친 속도로 차가 돌
았으니 아무리 길게 잡아도 5분을 넘지 않았을 것이다. 그 찰
나(刹那)의 순간에 지금 내 삶 전부의 내용과 아주 오래된 기
억들과 앞으로의 걱정들이 해변 가 작은 건물을 덮치는 해일
처럼 밀려들어 왔다. 다행히 미친 듯이 빙글거리던 차가 다
리 난간 바로 앞에서 가까스로 멈추었고, 차 전면 창으로는,
달려오다가 사고를 보고 급하게 방향을 틀며 끼기기기긱~
아스팔트 도로에 스키드 마크를 만들며 멈추는 차들을 꿈결
에 보듯 바라보던 기억이 났다. 한 바퀴만 더 굴렀더라면, 아
마도 차가 다리 난간 아래로 굴러떨어졌을 터이고, 차가 전복
되는 순간 경추가 부러져 살기 어려웠으리라. 흔히들 전복된
차의 생존자는 극히 드물다고 했다.

살아서 다시 학교에 출근을 하고, 아이들을 다시 만나고,
큰 소리로 시험 잘 보라고 말하고, 내신 등급이 얼마나 중요

한지 아느냐고 협박 아닌 협박을 하고, 오늘처럼 나보다 더 웃자란 어른인 것처럼 구는 한 녀석한테 잔소리 듣는 하루하루가 새삼스러웠다.

그 모든 기억과 깨달음이 한꺼번에 밀려들면서 예상치 못한 눈물이 뺨을 타고 흘러내렸다. 녀석은, 그러니까 녀석은 지난번 내가 당한 사고를 염두에 두고 한 말이었다. 정말로 걱정이 되어서 차 창문을 붙들고까지 조심하라고 말을 해준 것이다. 부지불식(不知不識) 중 그걸 깨닫자 주루룩 눈물이 흐른다. 몇 마디 안 되는 말에 모닥불을 지핀 듯 몸이 따뜻해지고 운전대를 꽉 쥐고 있던 손가락 마디마디들이 부드럽게 풀어졌다.

안 좋은 일이 생기면, 그래서 몸과 마음이 고달파지면, 평소에는 잘 견디고 넘어가던 사람들의 가식이나 위선이 송곳처럼 신경을 긁어대는 걸 느낀다. 지금 이건 네 상황이 안 좋고 컨디션 난조(亂調)라 예민해져서 그런 거야, 라고 자신을 다독여보지만 심장 어딘가에는 잔 상처들이 빗금처럼 새겨진다. 위선과 가식은 가면 안에 숨어 있어도 어쩌면 그렇게 신랄하고도 적나라하게 벌거벗은 자신을 드러내는지 참 신

아마도 난 위로가 필요했나보다

기하다고 생각하고는 했다. 막상 그들은 알고 있을까? 상대가 본인의 위선과 가식을 '날 것' 그대로 알아보고 있음을? 그래서 한 번의 위선에 하나의 잔금을, 한 번의 가식에 또 하나의 실금을 심장에 새기는 타인이 있다는 사실을 알고도 그러는 걸까? 이런 생각들로 푸른 우울 속에 잠기는 때도 있다. 가끔 견디기 힘든 순간이 오면 그렇게 새겨진 빗금 같은 상처들이 흐르는 세월을 따라 '빗살무늬토기'의 무늬까지 만들어낼 거라고, 자조 섞인 웃음을 짓고는 했었다.

그런데 오늘 그 녀석 말에 눈물이 났던 건, 그 말이 오롯이 진심이라는 걸 알았기 때문이다. 진심은, 때때로 느닷없이 심장을 관통한다.

흐르는 눈물을 닦으며 중얼거렸다.

– 요즘 아마도 나에게 위로가 필요했나봐. 위로해줘서 고마워.

교장 승진제도 유감

난 대학을 졸업하고 바로 교직에 들어온 사람이 아니다. 국어국문학과를 졸업했고, 대학 졸업 후에는 일반 회사에 취업했다. 이른 결혼을 했고, 연년생으로 아이 둘을 낳았다. 그런데 회사에 근무하면서 내 미래를 그리는 게 답답해지기 시작했다. 승진을 해서 오래도록 회사에 남아 있는 선배들에게서는 가정은 저기 어딘가에 던져 놓고 단기필마로 전쟁터에 나가 창을 휘두르듯 살아가는 모습만 보였다. 그렇게 살고 싶지 않았다. 결국 결혼하고 아이 둘을 낳고서야 교사 자격증을 따겠다며 뒤늦게 대학원에 들어갔다. 그리고 마지막 학기에 임용고사 합격, 대학원 석사 취득과 동시에 임용되었다. 일명

논스톱이다.

비록 졸업도 하기 전 치른 첫 시험에서 한 방에 붙었다고는 하나, 이미 내 나이 서른이 넘어서야 겨우 교직에 첫발을 디디게 된 셈이다. 내가 첫 발령을 받았던 그때에도 임용고사를 한 번에 합격하는 경우는 매우 드물어서 (일반적으로 경쟁률이 50~60대 일 정도인데, 이게 전공자만을 대상으로 하다 보니 쉽지 않은 시험이다) 23~24세에 첫 발령 받는 경우는 거의 없었지만 삼수, 사수를 해도 20대 후반에는 교직에 들어올 수 있었다. 그러니 시작 자체가 늦은 나 같은 경우는 같은 학교 신규 발령 난 사람들 중 가장 나이가 많을 수밖에 없었다.

신규 발령받고 나서 얼마 후의 일이다. 교감이 학교 자체적으로 신규교사 연수를 한다고 했다. 의욕과 열정만이 넘쳐흘러 강을 이루던 시절, 너무 감사한 마음으로 일과가 끝나자마자 합동회의실로 달려갔다. 그러나 퇴근 시간을 두 시간이나 희생해가며 이루어진 연수는 내용 대부분이 어떻게 교감까지 승진하게 되었는가에 대한 자기 자랑이었다. 더불어 승진하기 위해 필요한 점수 관리에 무엇이 있는지가 필수적으로 따라붙었다.

하늘 같은 선배이자 한 조직의 두 번째 수장이 해준다는 '신규교사 연수'에 내가 기대했던 건, 어떻게 하면 수업을 잘 할 수 있는가, 수업을 잘 하기 위해서 혹은 수업 방식을 배우기 위해서 참고로 할 만한 사이트나 단체에는 무엇이 있는가, 학교에서 이루어지는 생활지도에서 신규교사가 고민할 부분은 무엇인가, 학급경영은 어떤 마음가짐으로 해야 하는가 등등이었다.

'당신 선배잖아, 선배니까 신규교사한테 어떻게 하면 교사로서 잘 살아갈 수 있는지를 말해주는 게 선배 아냐?'라는 생각이 들었지만… 뭐, 내가 어쩌겠는가. 이제 막 발령받은 신규가 하늘 같은 교감에게 하고 싶은 말이라고 다 내뱉을 수는 없지 않은가. 꾸벅꾸벅 졸기 시작했다. 졸고 있는 내 귀로 '전교조'에 대한 욕과 전교조라는 단체가 얼마나 교직에 해악이 되고 있는지를 말하는 소리가 간간이 들렸다. 그러거나 말거나 난 상관이 없었다. 당시에는 교원노조에 관심도 없었고, 가입할 생각도 없었고, 그럴만한 심리적 물리적 시간적 여유 따위는 없을 때였다.

내 잠을 깨운 건 "승진하기 위해서는 '교총'이라는 단체에 들어가야 한다"는 말이었다. 단순히 '들.어.가.야 한.다'라고만 했으면 난 부족한 잠을 좀 더 보충했을 것이다. 문제는 그 자리에서 교총 가입 원서를 쓰라고 했다. 4명의 신규교사가 머뭇거리는 사이, 각자 앞에는 종이 한 장씩 놓였다.

나   (예쁘게 웃으며) 저기….

교감   예, 이의진 선생님.

나   (역시 최대한 예쁘게 웃으며) 저는 승진할 생각이 없습니다.

교감   아, 지금은 그렇겠지만 앞으로 나이 들어보세요. 승진도 안 하고 그러고 있으면 후배들 보기도 그렇고 학교에서는 소외되어 무능한 교사로 보일 수도 있어요. 게다가 나이 먹을수록 기운도 빠지고, 수업하기도 어려워질 거구요. 그리고 점수 쌓아놓으면 나중에라도 승진하고 싶어질 때 아주 유용하지 않겠습니까?

할 말은 무지 많았으나, 당시의 난 매우 여리고 또 매우 착했다.(믿거나 말거나) 그래서 같은 말만 반복했다.

나	아, 전… 승진하고 싶은 생각이 없습니다.
교감	(완연히 기분 상한 표정으로) 어허~ 거 젊은 분이 고집이 세네. 그냥 한참 위의 선배가 좋은 단체 추천해주면 예~하고 따르면 되는 거지. 쯧~~~~~

마지막에 새어 나온 '쯧' 이라는 소리는 길고 긴 여운을 남겼다.

그날 난 매우 불쾌한 감정과 사실은 내가 무언가 잘못한 건 아닐까 싶은 아주 기묘한 감정에 시달리며 집으로 갔다.

한없이 여리고 순하며 착하디착하던 내가 더 이상 참지 못한 일이 2~3년 뒤에 발생했다. 교육부가 도입하려던 나이스(NEIS, National Education Information System: 교육행정정보시스템)를 전교조가 반대하면서 도입 자체가 보류되고 있던 때였다. 교감이 나서서 교사들에게 나이스 승인 좀 받으라고 독려하고 다녔다. 나야 뭐 전교조 소속도 아니었고, 예나 지금이나 세상만사 귀찮은데다 특별히 정의롭고자 애쓰는 인간이 아닌지라 나이스 승인을 받을 건지 말 건지 별다른 관심이 없었다. 그래서였을 것이다. 승인받지 않고 있었던 건.

아마도 난 위로가 필요했나보다

어느 날 한참 수업을 하고 있는데, 갑자기 누군가 교실 문을 두드렸다. 교감이었다. 우리 반 애한테 무슨 사고가 났나 싶어서 허겁지겁 교실 밖으로 나온 내게 교감이 말했다. 교육청에 몇 시까지(한 30분 남았던 걸로 기억한다) 몇 명이나 나이스 승인을 받았는지 보고를 해야 하는데, 우리 학교 실적이 형편없다고, 자기가 어떻게든 올해 안에는 교장 승진을 해야 하는데 교육청 눈치가 보인다고, 그런데 살펴보니 이의진 샘이 아직 승인을 안 받았더라고, 그러니 지금 얼른 교무실의 자리로 가서 나이스 승인 받으면 안 되겠냐고.

아… 순간 뜨거운 불덩어리가 활활 타올라 소용돌이치다가 그렇지 않아도 태생적으로 안광이 강한 내 눈을 뚫고 나올 것처럼 눈에서 불꽃이 튀었다.

당신 승진 때문에, 알량한 당신 승진 하나 때문에, 나와는 그 어떤 상관도 없는 당신의 야심과 탐욕 때문에 내 소중한 수업을 망쳐? 심지어 내 아이들이 듣고 있는 교실로 와서 수업을 방해해? 설령 대통령이 온다고 해도, 아무리 보잘것없는 일개 교사 개인의 수업이라고 해도 방해하면 안 되는 게 기본 상식이거늘, 그 기본 상식조차 갖추지 못한 당신이 무슨 승진을 하겠다고 내 수업을 방해해?

　내 머릿속에서는 이런 생각들이 파바박~ 섬광이 스치듯 일어 올랐으나… 역시 난 착한 사람이었다. 게다가, 심지어 예의도 매우 바른 사람이었다. 매우 공손하게, 그러나 단호하게 말했다.

　－ 아직 수업이 끝나지 않아서요. 수업 마치고 나서 생각해 보겠습니다. (생긋~~~~)

　물론 수업 끝나고도 교감한테 가지 않았다. 가봐야 마감 시간은 지났을 테고, 나를 그토록 열받게 한 교감을 위해서 그딴 승인 따위는 안 받을 생각이었다. 교감 역시 나를 부르지 않았다. 당연히 그 이후 온갖 치사한 보복이 수도 없이 있었지만, 솔직히 이젠 기억도 나지 않는다. 단지 알랑꼴랑하게, 당연히 내 순번이 분명한 포상 가지고 엉뚱한 사람에게 주려고 정량평가 조작까지 하면서 장난칠 때는 다시 단호하게 말했던 기억이 난다. '저 상 안 받습니다. 다른 사람 주세요.'

　이 길고 긴 글은 어떤 한 개인을 비난하기 위해 쓴 글이 아

아마도 난 위로가 필요했나보다

니다. 내가 만나 본 진짜 나쁜 교감, 혹은 교장에 대해 쓰려고 한 글이 아니라는 말이다. 이후에도 더 말도 안 되는 학교 행정가(교장과 교감)의 횡포를 겪은 적도 있고, 그에 대항하여 싸우기도 했다. 경력이 좀 쌓여 부장교사가 되고 난 후에는 부장회의에서 들이받은 적도 있다. 그러나 이 또한 세월이 흐르면서 점점 더 좋은 교장, 교감이 많아지면서 학교는 이전보다 훨씬 더 민주적으로 돌아가는 게 사실이다. 따라서 '내가 한 때 겪었던 악질 학교 행정가'와 같은 프레임을 만들고자 글을 쓴 게 아니다.

단지 앞에서 말한 그분과 같은 사람들이 왜 나올 수밖에 없었는지, 그리고 왜 교직에서는 그런 사람들이 더 많이 승진해 왔는지가 이 글의 핵심이다. 현행 교장 승진제도는 수업, 학급운영, 생활지도, 학생 진로 진학지도, 상담 등과 같은 교육적 활동과는 하등 상관없는 이상한 점수를 쌓는 방식으로 승진하는 구조이다. 물론 2차에서 다소 보완할 수도 있게 되어 있지만 한계가 있다. 한편으로는 학교 행정가가 되는 길이니 교육적 활동과는 별개로 학교 행정만 잘하면 되지 않겠냐고 생각할 수도 있다. 문제는 현행 승진제도는 그것과도 별 관련이 없다는 데 있다.

교장이 교감에 대한 절대적 평가권을, 또 승진하고자 하는 사람에 대한 절대적 권한을 쥐고 있는 상황, 교육청이 교장과 교감의 평가권을 쥐고 흔들 수 있는 상황에서 교육적 고민과 교육 현장에 대한 개선 의지는 잠시 뒤에 놔둘 수밖에 없다. 오히려 그런 가치들을 뒤로 미루어놓는 편이 승진에는 더 유리하다고 볼 수도 있다. 개중 능력이 출중해서 모든 걸 다 잘하는 분도 있겠지만, 한 개인의 뛰어난 능력이나 행운에만 의지해 교육 현장을 맡긴다는 건 생각만 해도 답답하지 않은가. 복불복(福不福)으로 좋은 분이 오기만을 기다리는 상황이란 결국 농사짓는데 천수답을 경작하는 심정으로 하늘만 바라보며 두 손 놓으라는 말과 같다.

어떤 제도든 단점만 있지는 않겠으나, 21세기에도 한두 명이 권력을 독점하고 있는 구조, 나는 답답하다.

<덧 1> 교사가 승진을 위해서 쌓아야 하는 점수를 훑다 보니… 내 점수가 꽤 높다는 사실을 알게 되었다. 어쩌다 보니 지역적으로 어려운 학교에 발령받았고, 그러다 보니 근무만으로도 점수를 주는 학교들만 돌았고, 그래서 쌓이게 된 교육복지특별우선지역 학교 가

아마도 난 위로가 필요했나보다

산점을 비롯하여 혁신학교 가산점까지 매해 빠지지 않고 점수를 꽉 꽉 채워 받았던 거다. 물론 내 의도는 아니었다. 그러나 승진 생각이 없는 나로서는 이 점수들을 당췌 어디다 쓸지 고민이다. 괜찮은 어느 분이 가져간다고 하면 덥석 드리고 싶다.

<덧 2> 이 글에 주인공으로 등장하는 교감 샘이 나중에 나에 대해 하셨다는 말을 전해 들었다. '이의진이 전교조 조합원만 아니면 참 괜찮은 인간인데 말이야.' 교감이 그 말을 하던 당시… 난 전교조 조합원이 아니었다. 이런 선입견과 편견이라니.

<덧 3> 가산점 중 제일 쓸모없는 게 '학교폭력 가산점'이다. 딱 두 해 안 받겠다고 강하게 말했더니 다음부터는 물어보지도 않는다.

눈치가 없으니 사는 게 힘들지

전교조 분회 송환영회 날이다. 2차로 차를 마시러 간 자리에서 이런저런 이야기 끝에 오래전 전교조 조합원이라고 탄압받던 시절의 이야기가 나왔다. 나야 전교조가 합법화되고 나서 교직에 들어섰기에, 그리고 항상, 늘, 변함없이 별 볼 일 없는 존재로 살아왔기에 더 그랬겠지만 이제까지 전교조 조합원으로 있으면서 심한 갈등 상황에 빠지거나 혹은 일자리를 잃을 만큼의 심각한 위기에 직면했던 적은 없었다.

하지만 합법화되었다고는 하나 지금으로부터 20년 전의 상황은 지금과는 또 달랐다. 신규교사가 조합에 가입하면 교

아마도 난 위로가 필요했나보다

감 샘이 따로 불러서 공공연하게 탈퇴를 종용하거나, 혹은 교총 가입 원서를 앞에 가져다 놓고 교총에 가입하면 뭐가 좋은지를 구구절절 읊으시는 경우도 많았다. 그 읊는 수준이 다소 강도가 높아서 울었다는 분들도 상당히 있던 시절이다. 한편으로는 조합원이라고 뒤에서 욕을 하시거나 담임이나 기타 역할에서 배제하는 경우도 있다는 흉흉한(?) 소문이 바람을 타고 들려오기도 했다. 제왕적인 재단이 버티고 있는 사립에서는 개량 한복을 입고 나타났다고, 개량 한복을 입는 교사는 빨갱이라고 징계를 했다는 풍문이 우리 귀로 날아들어 온 적도 있다.

암튼 각자가 겪었던 황당하고 기분 나쁜 일들을 주거니 받거니 하다가 문득 초임 학교에서 조합원으로 등록하면서 겪었던 일이 떠올랐다. 나라는 인간은 예나 지금이나 뭐든 오랫동안 곰곰이 생각하고 재고 따져보는 인간이 못 된다. 계산은 더더욱 할 줄 모르고 항상 즉흥적으로 감이 오는 즉시 그냥 바로 행동으로 옮기는 타입이다. 그때도 그랬다. 어떤 작은 일이 계기가 되어 바로 가입하겠다고 했는데 아마도 함께 신규 발령받은 3명의 교사 중 나만 유일하게 가입했던 것 같다. 그러자 얼마 지나지 않아 교감이 나를 따로 불렀다.

무슨 말씀을 하시려고 그러나, 긴장하고 교감 자리로 갔는데, 앞에 앉으라고 하고는 기존 전교조 조합원 선배들 흉을 보기 시작했다. 누구는 어떻고 누구는 어떤 측면에서 문제가 심각하고 하면서 딱! 조합원 선배들만 흉보는 거다. 문제는 나였다. 나는 이상하게도 상대의 말을 들을 때 초집중하는 경향이 있다. 이런 습관은 좋은 점과 나쁜 점이 다 있는데, 상대에게 오롯이 집중하고 들음으로써 상대의 만족을 얻어내는 경우가 많다. 그러나 초집중하면서 듣다 보면 자연스럽게 상대의 감정에 이입하게 되고 상대 말의 논리적인 허점을 찾아내기보다 맞는 부분에 대해 고개를 주억거리며 긍정하는 경우가 더 많아진다.

그날도 그랬다. 사실 따지고 보면 단점이나 약점 없는 인간이 어디 있겠나. 선배분들의 단점에 대한 교감 샘의 말씀에도 일리가 없는 건 아니어서, 그건 그렇군, 맞아 그런 면도 있기는 하지, 그런 측면은 내가 몰랐군 하면서 열심히 듣고 있었다.

교감은 다시 말을 돌려 대한민국 유일의 교원단체인 '교총'에 대해 설명하기 시작하셨다. 왜 교사라면 교총에 가입해

아마도 난 위로가 필요했나보다

야 하는지, 그리고 교총에 가입하면 뭐가 좋은지에 대해 열정적으로 말씀하셨다. 특히 젊은 교사는 야심을 가져야 하는데 야심을 실현시키려면 연구 논문이라는 걸 써야 하고 일정 등수 안에 들어서 점수를 받아야만 하는데, 교총에 가입해 있는 교사만 연구논문 대회에 논문을 제출할 수 있다고 했다. (솔직히 이제까지 승진에 관심을 가진 적이 없어서 내가 지금 기억하고 있는 게 맞는 건지도 잘 모르겠다) 그래서 교총은 승진이라는 야망(?)의 사다리가 되어 줄 수 있다고 역설했다. 역시 열심히 듣고 있었다. 들으면서 가끔 고개를 끄덕이며 예의를 갖추는 것도 잊지 않았고 말이다.

교감의 말은 끝날 것 같으면서도 계속 이어지고, 다 말한 것 같다 싶으면 다시 살을 덧붙이면서 시간만 속절없이 흐르고 흘렀다. 오후 늦은 시간이라 하루 원 종일을 잔뜩 긴장하고 뛰어다닌 초임 교사는 점점 피곤이 엄습해왔고, 집중력에도 한계가 오면서 졸리기 시작했다. 끝나지 않고 이어지는 교감의 말이 먼 데 어디선가 시냇물이 졸졸 흘러가는 것처럼 들리는 착각이 들면서 급기야 살짝 눈을 감고 싶다는 생각을 하는 순간, 갑자기 교감이 버럭 소리를 질렀다.

－ 사람이 말이야, 젊은 사람이 말이야, 응? 이렇게 고집이 세 가지고 앞으로 사회생활 제대로 하겠어? 응?

졸음이 파도를 타고 밀려 나가듯 정수리 끄트머리를 통해 싹 빠져나가는 느낌이 들었다. 무슨 말씀이지? 난 아무 대꾸 없이 정말 열심히 듣고만 있었는데?

－ 내가 교직 경력만 33년이에요. 선생님한테는 교감이기 이전에 대선배야. 응? 대선배라고. 선배가 무슨 말을, 그것도 다 본인 잘 되라고 시간까지 내서 해주는 성의를 보이면 말을 들어 먹어야지, 말을.

억울했다. 이게 무슨 귀신 씨나락 까먹다 옆집 개한테 들켜 도망가다 문지방 걸려 넘어지면서 사레 걸려 켁켁대는 소리란 말인가. 그 긴 긴 시간 동안 난 정말이지, 다른 생각 하나도 안 하고 열심히 들었단 말이다. 교감이 유장하게, 끝도 없이 말을 하는 그 시간 동안 정말이지 난 입도 뻥긋 안 했으며, 토 한번 달지 않고, 내가 가진 특유의 성실성과 인내로 듣고만 있었단 말이다. 그런데 내가 무슨 고집을 부렸단 말인가.

아마도 난 위로가 필요했나보다

교감은 말을 하다 보니 화가 더 치솟는듯했다. 드디어 화가 머리끝까지 나서 의자를 홱 돌리더니 나가보라고 했다. 어안이 벙벙해진 나는 하릴없이 슬금슬금 물러 나와 뒷걸음질 치다 문을 열고, 역시 뒷걸음질로 나왔으며, 다시 소리 나지 않게 음전한 태도로 큰 교무실의 문을 닫았다. 어린 시절부터 대가족 하에서 예의범절 하나는 확실하게 배운 나다. 당장 궁정에 중전이나 세자빈으로 들어가서 살아도 탈 나지 않을 정도의 교육을 받았다. 그런데 교감은 무엇 때문에 그리도 못마땅해한단 말인가. 당췌 이해가 되지 않아서 가슴에 맷돌이나 연자방아 얹은 느낌으로 집에 갔다.

교감이 한 말의 뜻이 무엇이었는지는 나중에 알았다. 수개월이 지나고서야. 그러니까 교감 말을 요약해보면 '네가 가입한 전교조는 탈퇴하고 새로 교총에 가입하라'는 거였다. 좀 자세하게 풀면 '전교조 선배들은 전부 문제가 있다. 그러니 초임인 네가 그런 조직에 들어가서 얻을 건 없다. 그에 비해 교총은 가입해 놓으면 앞으로 여러 측면에서, 특히나 승진에 도움이 되는 조직이다. 아직 젊은데 야심을 가지고 승진에 뜻을 두어야 하지 않겠느냐' 뭐 대충 이 정도가 될 것이다.

그런데 말귀를 영 알아듣지를 못하고 긴 긴 시간 동안 열심히 고개만 끄덕거리며 아무 말도 없이 주구장창 듣고만 있으니, 이 고집 센 초임 교사가 끝까지 자신의 소신과 신념을 꺾지 않고 '버티기 작전'에 들어갔구나 판단을 내렸던 거다. 결국 시간을 낭비한 당신의 상황에 화가 나서 버럭했던 거고.

상황을 이해하고 나니 무지 억울했다. 난 열심히 들은 것뿐이다. 개기거나 '버티기 작전'을 시전하느라 그런 게 아니고, 정말 의도를 몰라서 고개 끄덕이며 열심히 들었을 뿐이다. 만약 교감이 단순 명료하게 '전교조 탈퇴해라, 그리고 교총에 들어와라' 그랬다면 나 역시 명료하고 단순하고 아름답게 '싫다'고 한마디로 정리했을 것이다. 그러면 서로의 시간도 아꼈을 것이고, 서로에 대한 불필요한 기대나 희망도 정리되어 이후 우리의 관계는 아마도 편안해졌을 것이다. 당시 교감은 어쩌면 지금까지도 나라는 인간을 황소처럼 버티는 쇠심줄 같은 인간이라고 오해하고 있을지도 모른다. 그러나 막상 알고 보면 나라는 인간이 눈치가 좀 없었을 뿐이고, 말귀를 못 알아들었을 뿐인데 말이다. 그런 생각을 하면 좀 슬퍼진다.

아마도 난 위로가 필요했나보다

눈치가 이렇게 없는데도 그나마 무사히 삶이 이 정도까지 굴러왔다는 건 정말이지 운이 엄청나게 좋았다고밖에는 달리 해석할 길이 없다.

무례한 사람들

　복도를 지나가는데 한 여학생이 달려왔다. 손가락으로 남학생 한 명을 가리키며 울먹거린다.

　- 샘, 쟤가 저보고 눈이 짝짝이라 이상하게 생긴데다 뚱뚱하다고 돼지라고 놀려요.

　남학생을 바라보며 사실인지 확인했다.

　- 정말 그렇게 말했니?
　- 못생겨서 못생겼다고 사실을 말한 건데, 왜요?

　　　　　아마도 난 위로가 필요했나보다

- 그건 사실이 아니라 '평가'란다. 어느 누구도 외모를 가지고 다른 사람을 평가할 권리는 가지고 있지 않아.
- 예쁘다고 칭찬하는 건 되고 못생긴 걸 못생겼다고 말하는 건 안 되나요?
- 설령 예쁘다고 말한다 해도 평가이기 때문에 안 되는 거야. 그건 예의가 아니지.

남학생은 불만스럽게 입을 내밀었지만, 더 이상 말하지는 않았다. 아마도 속으로는 여전히 왜 못생긴 걸 못생겼다고 말하는 게 예의가 아닌지 모를 수도 있었다.

늦은 밤 택시를 탄 적이 있다. 전전 학교 부장교사 모임이라 연세가 일흔을 향해 가시는 분들이 많은 모임의 회식에 참석했다가 시간이 늦어져 중간에 나온 참이었다. 같이 참석했던 분이 손사래를 치는 데도 자신들보다 훨씬 어린 나이에, 입때껏 총무로 고생하고 있다며 구태여 배웅을 하신다. 차가 출발하자 기사가 나를 슬쩍 돌아보는 게 느껴졌다. 짐짓 모르는 척 눈을 감았다. 기사가 다시 나를 돌아보고 다시 돌아보고 하더니 결국 한마디 한다.

- 주부가 늦은 시간까지 집에 안 들어가셔도 되나요?

밤 11시였다. 나를 제외한 남자들은 여전히 회식 자리에 남아 있는 상황이었다. 대꾸조차 하기 싫어서 눈을 감고 있었다. 기사가 다시 말한다.

- 남자들하고 노는 게 재미있지요?

몸이 젖은 솜처럼 저 아래로 꺼져 들어가는 느낌이지만, 피곤으로 잠식당하는 상황에서도 천천히 느릿느릿 또박또박 대답할 수밖에 없었다.

- 직장 동료가 남자인가요? 직장 동료를 남자로 봐야만 하나요?

기사가 할 말이 없는지 맞대꾸가 없었다. 그제야 편하게 다시 눈을 감았다. 다음날 이른 출근을 위해서는 일 분 일 초가 아깝다. 어찌하여 그는 알지도 못하는 여자에게 자신의 선입견과 편견을 들이대며 남의 아까운 시간을 허비하게 만드는가. 다행히 목적지에 도착할 때까지 기사는 더 이상 말을 걸지 않았다.

아마도 난 위로가 필요했나보다

다소 붐비는 퇴근 시간, 할아버지 한 분이 좀 취한 듯 몸을 흔들며 전철에 올랐다. 주변을 둘러본다. 서 있는 자리가 노약자석까지는 좀 떨어진 위치다. 할아버지는 어린 여학생 앞에 서더니 갑자기 소리를 지른다. 요즘 젊은 사람들은 싸가지가 없다며, 옛날에는 안 그랬다고, 적어도 어른이 있으면 당연히(!) 자리 양보하고 그랬는데 요즘 집에서든 학교에서든 뭘 가르쳤길래 싸가지 밥 말아 먹었느냐고 버럭버럭 소리를 지른다. 마침 바로 앞자리에 앉아 있던 여학생이 황급히 일어난다. 너무나 당연하다는 듯 그 자리에 할아버지가 가서 앉는다. 바로 옆의 건장한 남자들은 눈을 감고 자고 있다. 할아버지가 말하는 싸가지는 어린 여학생과 건장한 남자에게 다르게 적용된 셈이다.

가끔 한국 사회가 가지고 있는 무례함, 예의 없음을 온몸으로 느낄 때가 있다. 그리고 그 '예의 없음'이 예외 없이 약한 사람, 사회적 소수자를 향해 달려가는 걸 본다. 자기보다 힘이 세거나 지위가 높거나 돈이 많은 사람들에게도 일관되게 표출되면 좋으련만 이상하게도 약한 사람들에게만 선별적으로 표출된다는 점에서 비열하다. 특히 만만한 대상을 찾아다니는 이러한 무례함은 연예인을 표적으로 하는 인터넷

댓글 창을 좋은 무대로 삼게 된 지 오래되었다. 확인되지 않은 소문이라도 한번 돌기 시작하면 떼로 몰려간다. 남들과 다르다거나 좀 튄다고 생각되면 차마 입에 담기 어려운 말들을 쏟아낸다.

얼마 전 용감하고 당당했던 배우이자 가수가 스스로 세상을 버렸다. 연예인에 별 관심 없던 나조차 가끔 방송과 인터넷을 통해 그녀를 둘러싼 많은 논란을 접하고는 있었다. 그녀는 동료 배우를 '선배님'이라 부르지 않았다고, 속옷을 '제대로' 챙겨 입지 않는다고 욕을 먹었다. 누군가는 그녀를 일컬어 관심을 끌기 위해 기행을 일삼는 '관종'이라 불렀다. 그녀에게는 늘 악성댓글이 따라다녔고 악성 댓글과 루머 등으로 연예 활동을 잠정 중단한 적도 있다고 한다.

그러나 한편으로 그녀는 SNS를 통해 세계 여성의 날과 일본군 '위안부' 피해자 기림의 날을 기꺼이 기념했고, 'Girls Supporting Girls(여자는 여자가 돕는다)'라는 문구가 새겨진 티셔츠를 입었다. '관심을 끌기 위한 이상한 행동'으로 불리던 그의 시도들은 사실은 오늘을 살아가는 사회적 소수자들에게 '연대의 힘'이 되었던 거다. 그녀를 관종이니 뭐니 하며 이상

한 여자 취급했지만 그녀를 향해 수없이 퍼부어지던 악성댓
글과 루머는 사실 만만한 아이돌 출신 어린 여자에 대한 무례
함과 폭력이었을 뿐이다.

'튀는 사람들'이 죽지 않고 살아남아서 함께 늙어갈 수 있
는 세상, 약자들이 표적이 되어 숨죽이지 않아도 되는 세상,
그리하여 더 다양한 인간 군상이 만들어가는 사회를 꿈꾼다.
이런 미래를 위해 무엇보다 '인간에 대한 예의'를 가르치는
것이 절실하다고 생각하는 요즈음이다.

예쁘다는 말,
그 불편함에 대하여

장면 1. 어느 모임 자리

모임 구성원 중 가장 연장자인 분이 한창 분위기가 화기
애애한 가운데 뜬금없이 큰 소리로 말씀하셨다.

- 아, 이의진 부장 말이야, 젊었을 때 남자들이 줄줄 따라다녔
   을 거 같지 않아? 지금도 한 미모하는데, 한창때는 수없이 많
   은 남자들 밤잠 못 자게 했을 거 같아~~~.

웃고 떠들던 분위기는 급 싸늘해졌다. 나를 포함해서, 특

아마도 난 위로가 필요했나보다

히나 다른 여자분들은 매우 불편한 표정을 지었고, 나 역시 좌불안석이 되었다. 그 모임에서 연령순으로 봤을 때 난 아래에서 두 번째였다. 특정 누군가에게만 돌아간 칭찬(?)이 그닥 좋은 결과를 가져오기는 어렵다. 그런 기본적인 인지조차 없는 칭찬 아닌 칭찬 같은 뻘 소리에 내가 기쁠 리 없다.

나 듣기 좋으라고 '예쁘다'라는 말을 했는지 모르겠지만, 그 말을 한 분은 내 남편도 내 애인도 아니었다. 설령 오랜 기간 친구로 지낸 사람이었다 해도 공개적인 장소에서 그런 식으로 말하는 걸 듣고 싶지는 않았다. 내가 당신 술좌석 즐거우라고 이렇게 생긴 거 아니지 않은가.

더 중요한 건 사실이 아니라는 거였다. 지금도 마찬가지이지만, 난 이쁘지 않다. 굳이 변명을 하자면, 구태여 외모를 가꾸지 않은 탓이라고 핑계 대고 싶지만 가꾸지 않아도 미인은 미인인 현실을 보면 걍 타고나길 이쁘지 않게 타고난 거라 생각한다. 아무튼 대학 시절부터 외모가 아름다운 여학생은 아니었다. 게다가 예나 지금이나 늘 피곤해서 다크 서클은 목까지 내려오고 얼굴은 팅팅 부어있는 때가 다반사이다. 뭐 대학 시절에도 과방이건 동아리실이건 아무 데서나 얼굴에 신문지를 덮고 자는 일이 흔한, 좋게 말해서 털털한 성격, 나쁘게 말하면 상 그지꼴의 여학생이었으니 나이 먹었다고 그 기본 성정이 달라지지는 않는 게 당연하다.

특히나 나 좋다고 고백하는 남자는 젊은 시절에도 눈 씻고 찾아볼래야 찾아볼 수가 없었다.

결국 그분이 (물론 좋은 의도였겠지만) 내 외모에 대해 품평을 했다는 측면에서, 그리고 공개적인 자리에서 그걸 거론했다는 점에서 그 자리의 내 기분은 완전 꽝이었다. 할 수만 있다면 술상 엎어버리고 집으로 가고 싶었으나… 사회생활이라는 거, 그거 만만한 거 아니지 않은가. 그냥 아무렇지도 않은 척 그 자리를 지키기는 했으나 음식을 씹는 맛은 영 소태맛이었다.

장면 2. 교무실

고등학교 3학년 부장교사를 하다 보면, 정말 많은 곳에서 많은 사람들이 교무실을 방문한다. 대부분 대학 관계자분들

아마도 난 위로가 필요했나보다

이지만 가끔 앨범 관련 업체에서 오기도 하고, '수능 이후 프로그램'과 관련된 상품을 팔기 위해 각 공연 기획사에서 방문하기도 한다.

그런데 방문한 분들 가운데 어떤 분들은 3학년 부장을 찾다가 내가 인사를 하면 과장되게 외모 칭찬으로 시작하는 분들이 있다.

- 어이구, 부장님이 젊고 이쁘시네요.

순간, 속에서 욱~하고 일어나는 뭔가가 있다.

일단 처음 보는 관계다. 쉽게 상대 외모 가지고 운운할 만큼 편한 관계 아니다. 두 번째로 일로 만난 관계다. 무엇보다 일 이야기를 해야 하는 상황에서 어째서 외모 이야기부터 하는가. 우리가 소개팅하는 자리도 아니고 연애질하자고 만난 것도 아니지 않은가. 게다가 이쁘다는 말을 들으면 모든 여자들이 기분 좋아서 '엄훠~ 앞으로 어떤 일이든 잘 봐 드릴게요~~' 할 것처럼 생각하는 걸까? 그런 인식을 평소에 깔고 있기에 처음 보자마자 분위기 띄운답시고 그딴 말을 하는 걸까? 세 번째로 외모에 대한 품평과 평가 그 자체가 상대에 대한 무례다. 자신이 노력해서 얻은 게 아니라면, 태어나고 보니 가지고 있는 것이라면 평가 대상이 되어서는 안 된다.

마지막이다. 사실관계에서 틀렸다. 나 안 이쁘다. 게다가 한 승질한다. 사실이 아닌 걸 사실인 것처럼 말하는 걸 매우 싫어한다. 그러니 그런 말을 듣고 기분이 좋은 게 아니라 오히려 표정만 싸늘하게 굳어질 뿐이다. 영업을 위해서 던진 말이라면 완전히 실패한 거다.

누가 예쁘다고 해주면 '모든 사람'이 좋아해야 하는 건 아니다. 특히나 나같이 외모 품평 자체가 불편한 사람도 있다. 예쁘다는 말 역시 못생겼다는 말과 같이 해서는 안 되는 말이라는 걸 자연스레 인지하고 있는 사회였으면 좋겠다.

아마도 난 위로가 필요했나보다

카산드라 이야기

1.

카산드라는 트로이의 왕 프리아모스와 왕비 헤카베 사이에서 태어난 공주입니다. 어느 날 음악과 예언의 신 아폴론은 카산드라의 미모에 혹해 사랑에 빠지게 됩니다. 아폴론은 그녀를 잠자리로 유혹하려고 '미래를 볼 수 있는 능력'을 주겠노라 약속합니다. 카산드라는 아폴론의 제안을 받아들이지요.

그러나 막상 미래를 볼 수 있는 능력을 가지게 되자 카산드라는 알아 버립니다. 아폴론은 신(神)이기에 늙지 않고 죽지 않지만, 자신은 인간이기에 늙고 죽는다는 것을 말입니다. 또한 미래를 보게 됩니다. 자신이 늙고 추해지면 이 자식이 백퍼 바람피울 거라는 사실을요. 심지어 자신이 병들면 이 놈은 자신을 돌봐주기는커녕 자신을 버리고 또 다른 여자를 쫓아다니며 구애하고 잠자리를 할 거라는 사실마저 보게 됩니다. 그래서 아폴론이 자기를 끌어안자 그를 밀쳐내고, 그의 잠자리 요청을 거절합니다. 이거야말로 진정한 '먹튀' 아닌가 싶어 아폴론은 깊은 빡침을 느낍니다. 이제 와서 잠자리를 거부해? 그러나 한번 준 예지(豫知) 능력을 다시 거두어들이지는 못합니다.

동서고금을 막론하고 모든 인간은 먹튀를 용서하지 못하는 법입니다. 게다가 아폴론이 누구입니까? 우주 최강의 바람둥이 아닌가 말입니다. 이제까지 자신은 수많은 여자를 농락하고 배신을 때렸을지언정 한갓 인간 계집의 배신 앞에서는 이해는 커니와 죽어도 용서가 안 되는 건 당연합니다. 깊은 빡침 속에서 아폴론은 그녀에게 마지막 키스를 하고 그녀의 입 안에 침을 뱉습니다. 그 침은 '말'에서 설득력을 앗아가는 저주의 침이었다고 합니다.

아마도 난 위로가 필요했나보다

- 그대는 미래를 보게 될 것이오. 그러나 어느 누.구.도. 그대의 말을 믿지 않을 것이오.

이후 그녀는 정말로 예지 능력을 얻었으나 아폴론의 저주 대로 그녀의 말은 아무도 믿지 않으려고 했습니다. 파리스를 성(城)으로 들이면 트로이가 멸망할 것이라고 예언했지만 무시당했고, 파리스를 스파르타로 보내면 트로이에 재앙이 올 것이라고 경고했지만 역시 프리아모스왕에 의해 가볍게 무시됩니다. 결국, 파리스는 스파르타 왕 메넬라오스의 부인 헬레네를 꼬드겨 트로이로 데려옵니다. 요즘 말로 불륜이지요. 이들 둘의 볼썽사나운 불륜은 트로이를 전쟁의 회오리로 몰아넣었고, 이런 파국을 막기 위해 다시 헬레네를 스파르타로 보내라고 간청한 카산드라의 주장은 다시 또 짓밟히고 맙니다.

결국 목마를 트로이 성(城)안으로 들여보내지 말라고 경고한 카산드라의 마지막 경고마저 무시한 트로이군은 성문을 열어 목마를 안으로 들입니다. 목마 안에 숨어 있던 그리스 군은 성안으로 들어오자마자 자기편을 향해 성문을 활짝 열어젖히고 완전히 철수하지 않고 해변 가에 숨어 있던 트로인 군들을 불러들입니다. 그리스군은 파도처럼 밀려 들어와 철저하게 도시를 파괴합니다. 살육, 살육, 살육. 무지막지한 그리스군의 살육전으로 트로이는 영원히 역사 밖으로 사라져 한동안 인류의 기억 바깥에 존재하게 됩니다.

트로이 함락 후 카산드라는 끌려가지 않으려고 아테나 여신상에 매달렸는데 그리스군의 소(小) 아이아스가 그녀를 여신상째로 끌고 나왔다고 합니다. 미케네의 왕 아가멤논은 카산드라의 미모에 반해 그녀를 자신의 전리품으로 삼아 미케네로 귀환하는데, 역시 미래를 볼 수 있었던 카산드라는 덜덜 떨었다고 합니다. 자신이 그리스로 끌려가면 남편 없는 사이에 아이기스토스와 바람이 난 아가멤논의 아내 클리타임네스트라에게 아가멤논과 함께 살해당할 거라는 미래를 보았기 때문입니다. 결국 뛰어난 예지 능력을 부여받은 이 아까운 아가씨는 클리타임네스트라의 칼에 찔려 살해당하는 비극으로 자신의 삶을 마감합니다.

한편 카산드라가 클리타임네스트라의 불륜과 음모, 그리고 자신의 최후까지 모두 볼 수 있었지만, 어차피 아무도 믿지 않을 거라 생각해서 마지막에는 아무 말도 하지 않았다는 이야기도 있습니다. 아이스퀼로스의 비극 〈아가멤논〉에서는

아마도 난 위로가 필요했나보다

클리타임네스트라에게 독살당하기 전 카산드라가 두려움에
떨며 '아르고스 왕궁에서는 피가 뚝뚝 듣는 살인의 입김이
뿜어 나온다'고 말하는 대목이 나옵니다.

2.

이제부터는 제 이야기입니다.

고백부터 하자면 저는 좀 무식한 인간입니다. 다른 사람
들처럼 박사 학위가 있는 것도 아니고, 공부를 꾸준히 해온
사람도 아닙니다. 한 가지 주제에 천착하여 오랜 시간 연구를
해 본 적도 없습니다. 그저 하루를 살아내기가 바빴습니다.

새벽에 눈을 뜨면 식구들 아침상을 차렸고 새벽같이 출
근하면 눈 한번 감았다 뜨는 사이에 저녁이 왔습니다. 수업에
들어갔다 나오면 잠깐 비는 시간, 반 아이들이 제 자리를 하
루 종일 오고 갔으며, 지금 당장 급하다며 쏟아지는 공문들을
처리하고 역시 급하다며 보내달라는 여러 행정 서류들을 만
지다 보면 이미 퇴근 시간이 지나 있는 걸 발견했습니다. 회

사 다니느라 허덕거리던 시절에는 교직에만 들어오면 야근 따위 안 해도 될 줄 알았습니다. 현실은 달랐습니다. 아무리 재빠르게 움직여도 근무시간 중에는 아이들 요구 사항을 처리하거나 교감 샘이 직접 들고 오시는 전혀 급해 보이지 않지만 급하다는 공문을 처리하거나 수업을 하고 회의에 참석하고 나면 제 시간은 '모모'의 '시간 도둑'이 훔쳐 간 것처럼 깔끔하게 사라지고 없었습니다.

집에 돌아가면 가방을 내려놓기도 전 현관 앞의 신발부터 정리하고 들어갑니다. 아침에 쌓아놓고 나온 설거지부터 해야 저녁 준비를 할 수 있었고, 급하게 빨래를 돌리면서 압력밥솥의 불을 줄이고 있다 보면 한숨부터 나왔습니다. 밥 먹은 걸 치우고 그동안 다 돌아간 빨래를 꺼내서 널고 다음 날 아침거리 준비하다 보면 어느새 시간은 12시를 가리킵니다.

이때부터 심장에 구멍이 뚫리고, 뚫린 구멍으로는 찬바람이 들어옵니다. 하루 종일 온전한 정신으로 맞이한 시간이 없다는 자각은 허무와 슬픔을 낳고 이러다가 직장에서 무능력자로 도태될 거 같은 공포와 불안은 영혼을 잠식해 들어갑니다. 책을 펼칩니다. 수업에 필요한 것들을 메모하고 관련 자

아마도 난 위로가 필요했나보다

료를 찾다 보면 다시 시간은 새벽 한 시를 넘어 두 시에 다가 간 적이 부지기수(不知其數)입니다. 주말이라고 한가한 거 아 닙니다. 일주일 치 수업을 준비합니다. 밀린 살림합니다. 경조 사 참여합니다. 애들하고 밀린 체험 학습하러 다닙니다. 이렇 게 20여 년을 살았습니다.

그런데요, 그런데 말입니다. 그럼에도 불구하고 학교 들어 오기 전 사교육 현장에서는 십여 년을 오롯이 대입과 씨름했 고, 공교육 현장 들어와서는 고등학교 발령 이후 12년을 고스 란히 입시 최전선에 머물면서 제 역할에 최선을 다했습니다. 뭐 애들 한 줄로 세우는 대입이 옳다고 생각해서 그랬던 것도 아니고, 전문가가 되겠노라 나대느라 그런 것도 아닙니다. 그 냥 밥 벌어 먹고사는 현장에서 주어진 대로 열심히 했을 뿐이 고, 잘 모르니까 해마다 관련 연수를 60시간씩 들었을 뿐이 고, 혹시라도 놓치는 게 있을까 봐 대입설명회란 설명회는 몽 땅 쫓아다니며 들었을 뿐입니다. 사교육 업체가 하는 설명회 든 대학이 실시하는 대학별 설명회든 교육연구정보원에서 주최하는 거시적인 설명회든 간에 말입니다. 자료란 자료는 다 찾아서 정리하고, 전년도 대입 상담 자료는 모두 모아놨다 가 분석하고 했을 뿐입니다. 거기에 더해 천성이 모질지 못한

지라 차마 끝까지 못 한다고 버티지를 못해 이날 입때까지 고3 담임을 하게 되었는데 그 세월이 12년, 사교육계 경력까지 합치면 20여 년입니다.

제가 고등학교 3학년 담임을 연속으로 하게 된 거, 혹은 지난 학교에서 3학년 부장을 5년 연속으로 하게 된 이유가 뭐였을까요? 학교 행정가인 교장, 교감 샘이 유독 저만 예뻐하셔서? 아니면 제가 입시 전문가 한번 해보겠다고 나대는 성격이라? 이 땅의 교육을 위해 이 한 몸 활활 불살라 보겠다는 거룩한 심정으로? 그것도 아니면 정말로 제가 남들보다 능력이 특별히 출중해서?

그럴 리가요. 그만큼 고3 담임, 인문계 고등학교 3학년 부장이 힘들기 때문입니다. 대부분 2년 정도 연속으로 하고 나면 쓰러지십니다. 더 이상 고3 담임시키기 힘들 정도로 멘탈까지 탈탈 털리지요. 저요? 쓰러졌는데도 계속 시키더이다. 해마다 수능 직전에 대상포진에, 독감에, 이석증에, 위궤양에, 신우신염까지 왔는데도 다음 해 계속 하라고 등 떠밀더이다. 할 사람 없다면서요. 최근에는 역류성 식도염까지 견뎌 가면서, 꾸역꾸역하다 보니 어느덧 세월이 이리 흘렀더이다.

아마도 난 위로가 필요했나보다

대신 그러느라 남들처럼 학위 하나 따지 못했고, 승진도 하지 못했으며, 외부 단체 활동도 거의 하지 않아 어디다 명함도 내밀지 못하는 무명입니다. 말 그대로 뭐 하나 아는 거 없이 무식하지요.

하지만 학교 현장 중에서, 특히 대입 현장은 최소한 안다고 자부합니다. 남들에 비해서요. 학교에 틀어박혀 학교 애들만 보고 있었던 것도 아닙니다. 혹시라도 사교육 업체는 뭔가 다른 정보가 있나 싶어서 쫓아다녀 본 적도 많습니다. 혹시라도 타지역 아이들은 어떻게 대학을 지원하고 합격하는가 싶어서 서울시교육청 소속 교육연구정보원의 진학지원센터 상담도 맡아서 했습니다. 일반고라 수시만 가지고 입시를 접했던 것도 아닙니다. 아들과 딸을 대학 보낼 때는 정시로 보내야만 해서 정시 관련 대입도 미친 듯이 공부했습니다. 최소한 제가 하는 일에 있어서만큼은 '쪽 팔리기' 싫어서였습니다.

어제저녁 대입 관련 60시간짜리 연수를 끝내면서 문득 이런 생각이 들었습니다. 이렇게 살면 뭐하나. 교육 현장에는 와본 적도 없는 사람들이 자식 하나둘 대학 보낸 걸로 마치 모든 걸 다 아는 것처럼 아무 말이나 할 수 있는 게 교육정책이고 대입정책이라면 지금 내가 외치고 있는 말들은 모두 공허한 메아리일 뿐인데. 본인들 30년 전 경험이 지금도 유효한 줄 알고 '~라떼는 말이야'를 시전하는 게 정의인 줄 아시는 분들이 정책을 좌지우지하고 있는데 하는 생각이 들어서요. 오죽 현장이 우습게 보이면 교육부 장관마저 '대입개편위'에 현직 교사는 단 한 명도 집어넣지 않고도 저리 당당하신가 싶고, 오죽 교육이 우습게 보이면 명확하게 공고되어 있는 '대입 3년 사전 예고제'마저 깡그리 무시하고 – 이는 쉽게 말해 법마저도 무시하고 가겠다는 태도입니다 – 지금 당장 고1부터 대입제도를 바꾸겠다고 선언까지 하시는가 싶었습니다.

그분들은 참 쉽습니다. 그런데 막상 저는 20여 년을 미친 듯이 수천 명 입시지도를 해오면서도 여전히 대입정책이 어렵습니다. 그래서 계속 공부하고 정리하고 분석하고 합니다. 그래도 어렵습니다. 입시는 살아있는 생물과 같아서 전형이 조금만 바뀌어도 아메바처럼 일그러지며 분열을 하기 때문입니다. 이 시대 계층 상승의 욕망이 용광로처럼 끓어오르다 귀결되는 것이 대입이기 때문입니다. 그걸 잡아내려던 세월이 자그마치 20여 년입니다. 이제야 대입정책이 어떤 방향으로 조금 움직이면 그 파장은 어찌 될지 조금 예상 가능하게 되었는데, 다른 사람들은 잠깐 주워들으면 '100년의 대계' 정도는 충분히 확신하실 수 있나 봅니다. 정치 논리로 접근해서 그냥 아침에 만들고 저녁에 바꿉니다.

가끔 카산드라를 떠올립니다. '미래를 볼 수 있는 눈'을 얻었으나 아무도 믿어주지 않는 저주는 얼마나 잔인한 저주일까요? 자기의 미래를 보면서 꾸역꾸역 그리스로 끌려가면서 그녀는 무슨 생각을 했을까요? 근데 난 아폴로같이 스펙 대단한 남자의 청혼을 거절한 적도 없는데 왜 저주를 받은 걸까요? 왜 나 같은 현장 교사의 말은 무시당하는 걸까요? 카산드라처럼 개긴 적 없이 시키는 대로, 주어진 대로 그저 열심히 살았는데 말입니다.

오늘 제가 좀 슬퍼요

초, 중, 고 학교생활기록부에는 '교과별세부능력및특기사항'이라고 하는 란이 있습니다.

말 그대로 해당 교과 시간에 아이들이 어떻게 수업을 했고 어떤 활동을 했는지를 기록하는 란입니다. 한 교과 당 1,500바이트까지 기록할 수 있게 되어 있는데, 글자 수로 따지면 띄어쓰기 포함 750자 정도 되겠군요. 제가 초등학교에는 있어 본 적이 없고, 중학교에서 올라온 지도 어언 13년째니 요즘 중학교에서 생활기록부를 어떻게 쓰는지는 잘 모릅니다. 단지 고등학교의 경우만 알 뿐입니다.

아마도 난 위로가 필요했나보다

현재 대입 전형 중 그 말 많은 학생부 종합 전형에서는 학교생활기록부(이하 생기부)가 가장 중요합니다. 혹자는 자기소개서만 그럴듯하게 써서 내면 합격하는 거 아니냐고 말하는 사람도 있습니다. 하지만, 이건 대입을 전혀 모르고 하는 이야기이구요. 가장 핵심이자 기본적인 자료는 바로 이 생기부입니다. 자기소개서와 추천서는 말 그대로 대입 전형에서 보완 자료에 불과합니다. 생기부에 기록되어 있는 내신등급을 포함한 여러 학업성취 관련 항목들, 학교 교육과정에 의거하여 이루어진 여러 가지 활동들(자율활동, 봉사활동, 동아리활동, 진로 기록 등), 그리고 학생에 대한 전인적인 종합평가를 기록하는 '행동발달및종합의견' 등을 가지고 대학에서 이 학생이 해당 전공을 잘 이수할만한 능력이 있는지를 평가하게 되어 있지요. 어떤 사람들은 돈 많으면 외국 나가서 봉사한 것도 기록하고, 외부 경시대회에서 상 탄 거 적고, 그러다 보면 역시 돈 많은 계층의 아이들이 유리한 거 아니냐고 말하기도 하는데 이것 역시 현행 대입을 전혀 모르고, 생기부가 어찌 기록되는지 모르고 하는 말들입니다. 현재 생기부에는 학교생활 이외의 어떤 활동도 원칙적으로 기록하지 못하게 되어 있습니다.

생기부는 그동안 많은 보완 과정을 거쳐 학교 교육과정에 의거하여 이루어진 활동과 그에 따른 성취만 기록할 수 있게 되었습니다. 그렇게 되면서 고등학교에서 가장 공을 들여서 기록하고 있는 란이 바로 '교과별세부능력및특기사항' 란입니다.(이하 교세특) 학생이 3년 동안 얻은 내신등급은 '경쟁'에 의해 상대 평가된 성적입니다. 수상기록 역시 참가자 중 일부 학생들만 받을 수 있는 상을 입력한 거니 많은 아이들은 그 란이 비어 있습니다. 이에 비해 '교세특'은 학생이 실제로 수업에서 어떻게 활동하고 그 활동에서 어떻게 성취를 했는지에 대해 담당 교과의 교사가 기록하는 란이지요.

사실 교내에서 성적이 최상위권 학생이라면 어차피 월등하게 우수한 내신등급으로 자신의 학업능력을 입증할 수 있을 겁니다. 이외에 교과 관련 수상도 다수가 존재함으로써 그냥 딱 봐도 '아~ 성적 좋은 학생이구나'를 알 수 있습니다. 그런데 성적이 최상위권이 아닌 학생들의 경우 내신등급만이 아니라 수상실적에서도 별다른 특이점이 없을 수 있습니다. 이런 경우 중하위권 대학에서는 그 학생의 학업역량 혹은 학업 성취도를 평가할 수 있는 자료가 줄어들지요. (최상위권 학생들은 당연히 최상위권 대학에 지원할 겁니다) 그때 유심히 들여다보는 란이 바로 '교세특' 란입니다. 수상기록은 없어도 내신등급은 정량적으로 쓰여 있으니 숫자로 바로 눈에 들어오는 겁니다. 그 외에 학생의 교과 능력이 어떤가를 볼 수 있는 자료가 바로 '교세특' 의 기록이 되는 거지요.

그래서 고등학교에서는 많은 선생님들이 '교세특' 을 기록하는 데 상당한 시간을 할애합니다. 물론 그렇다고 특기사항이 없는 학생한테 거짓말로 기록하는 건 당연히 안 되는 거지요. 예를 들어, 매일 책상 위에 엎드려 자는 학생을 '○○○ 수업에서 발표를 열심히 하여…' 라고 기록하는 건 사기에 해당되니까요. 하지만 최소한 수행평가에서 보여준 모습, 해당 교과수업 시간에 드러난 우수함, 혹은 발표수업, 토의 토론 수업 시 보여준 모습 등을 기록해 줍니다. 이 '교세특' 은 최상위권은 최상위권대로 중요하겠지만 중상위, 중위권 등등 학생부종합전형을 지원하는 학생들에게는 상당히 중요한 전형요소입니다. 여기서 '상당히' 라고 표현한 건 이거 하나로 합격과 불합격이 결정되는 건 또 아니기 때문입니다.

1학기 중간에 교육부에서 공문이 내려왔습니다. 생기부를 입력할 때 개개의 교사가 2차 인증까지 받으라구요. 당연히 다들 반발했지요. 교사들을 모두 무슨 잠재적인 사기꾼 집단으로 보는 것도 아니고, 그렇다고 2차 인증제를 만든다고 혹시라도 있을지 모르는 조작이나 제3자에 의한 불법적인 유출이 원천 봉쇄되는 것도 아니고, 말 그대로 아무거나 일단 던지고 보자 식의 지시라고 판단되니까요. 여기저기 모두 반발합니다. 그제야 2학기를 앞두고 다시 공문이 내려옵니다. 초등학교 중학교는 2차 인증받으라고 내려보낸 공문은 없던 걸로 하고, 고등학교만 '교세특' 기록 시 2차 인증받는 걸로요. 허 허 허…….

암튼 그렇다는 겁니다. 그래요, 어쩌겠어요. 제가 또 이렇게 순응하는 착하고 여린 사람입니다. 그런데 말입니다. 한 가지 궁금한 게 생겼어요. 분명히 개인 정보가 매우 매우 중요한 사회에서 살고 있잖아요. 교사들보고는 생기부가 무지 중요하니 2차 인증을 받아라 관둬라 어쩌구 하면서 생기부가 얼마나 중요한지 엄청시리 강조하고 시시때때로 닦달 당했잖아요.

심지어 생기부 하나 출력할 때도 두 가지로 나누어지거든요. 외부 제출용의 경우 행정실에 가서 정식으로 출력 신청하고, 이때 반드시 본인이 직접 혹은 본인의 동의가 분명히 있어야 하구요. 검토용인 경우 교사가 출력해줄 수는 있는데 그 경우 외부 유출이 염려되니 그 자리에서 검토만 하고 바로 폐기하게 되어 있어요. 생기부에 나와 있는 개인정보들은 말 그대로 초, 초, 초 민감한 정보들이니까요. 주민등록번호, 살고 있는 집 주소, 성적, 특기사항 등등.

오늘도 저는 우리 반의 한 녀석이 자기소개서를 쓰기 위해 필요하다고 생기부 출력해 달라고 왔길래, 이거 학원가나 뭐 이런 데 가져다주려는 건 아니야, 혹시라도 절대로 누구에게도 보여주면 안 되는 거다, 네 개인정보가 왕창 몽땅 깡그리 담겨 있는 거니 매우 조심해야 한다, 당부에 당부, 또 당부, 신신당부해서 보냈어요. 아니, 그런데…….

참 신기하게도 어떤 분들은 졸업한 사람의 생기부도 막 떼어서 그거 가지고 중인 환시리(衆人 環視裡)에 공개도 하고 그러네요? 그런데 그런 호랑말코 같은 짓이 이번이 처음이 아니라고 하네요?

제가 진짜 궁금한 거는요, 만약에 교사가, 특히나 담임이 본인 동의도 받지 않고 애들 생기부 마음대로 출력해서 개인정보 마구 뿌리면 다들 뭐라고 하실 건가요? 뭐 그럴 수 있다고 하실 건가요? 좀 시끄러우니 경고 정도 때리면 충분하다고 하실 건가요?

전 생기부를 유출한 사람들의 중징계를 요청합니다. 파면이라도 시켜야 한다고 생각해요. 교사라고 한다면 파면에 민형사상의 책임을 물었으면 좋겠습니다. 교사가 아니라 해도 그에 상응하는 중징계와 민형사상의 책임을 물었으면 좋겠습니다. 첫 번째 범죄를 저질렀을 때 경고 정도로 끝나니 다시 또 중범죄를 저지른 겁니다. 법이고 뭐고 우습거든요. 범죄자가 그에 상응하는 벌을 받지 않으니 이 모양까지 온 거고, 선량한 다수의 사람들이 언제든 자기 개인정보가 공직에 있는 누군가의 비열함에 의해 탈탈 털릴 수 있다는 불안에 떨어야 하는 겁니다.

생각해보세요. 졸업했는데도 내 아이의 생기부가 본인 동의는 가비얍게 무시하고 아무 인간이나 마구 떼어다가 만인이 보는 앞에서 흔들어 댄다면 그게 정상적인 나라입니까? 개인정보에 관한 법이 시퍼렇게 살아 있는데요? 게다가 저는

아마도 난 위로가 필요했나보다

교사입니다. 만약 교사가 아닌 다른 누군가, 특히나 권력을 가진 누군가가 자신의 힘을 이용해서 한 짓이라면 멀쩡히 열심히 일하고 있는 교사들에게 억울하게 누명 섞인 시선이 쏠리게 했으니 참을 수가 없습니다.

생기부를 유출한 사람의 중징계와 민형사상의 책임을 요청합니다.

이별은 언제나
남아 있는 자의 몫이다

떠나가는 사람은 뒤를 돌아보지 않는다. 그 뒷모습을 지
켜보던 사람만 입술을 깨문다. 그리고 그 뒷모습은 오래도록
아쉬움과 미련을 넘어 회한으로 응어리진다.

오늘 마지막 종례를 했다.

- 마지막 종례를 하겠습니다.

- 아마 여러분들은 지금, 이 순간 이후로 종례가 없는 새로운
  삶을 맞이할 겁니다.

아마도 난 위로가 필요했나보다

- 먼저 여러분의 졸업을 진심으로 축하합니다. 12년 동안 정말 수고 많았습니다. 특히 우리 반에서 두 사람은 더 대견합니다. 그동안 여러 사정으로 학교 나오는 걸 힘들어하던 친구들인지라 제가 마음 졸이며, 지켜보며, 잔소리하며 살았던 세월을 생각하면 두 사람이 반 친구들과 더불어 함께 졸업하는 오늘이 정말 기쁩니다.

- 졸업은 끝이 아니라 시작입니다. 이제 새로운 출발입니다. 그러나 앞으로 여러분이 걸어가야 할 길이, 그리고 삶이 녹록지는 않을 겁니다. 그럴 때마다 기억하세요. 여러분이 초중고를 졸업하기 위해 보낸 12년 동안 부모님과 선생님들이 여러분과 함께 했습니다. 여러분은 외롭게 존재하는 혼자가 아니라 무엇과도 바꿀 수 없는, 부모님의 소중한 '아들'이자 '딸'입니다. 그리고 믿지 못하겠지만, 저도 또한 여러분을 사랑했습니다.

- 지금 여러분들한테 주려고 하는 건, 컵라면입니다. 유통기한이… 그러니까 20○○년 ○○월 ○○일이네요. 졸업하고 나서 가장 슬프다고 생각되는 날, 어쩐지 이 세상에 버려지고 아무도 없이 자기 혼자라고 느껴지는 날, 세상이 온통 나한테

만 잔인하게 군다고 생각되는 날, 컵라면 뚜껑을 열고, 뜨거운 물을 붓고, 후루룩 먹어요. 뜨거운 국물도 마시구요.

- 컵라면을 후루룩거리는 잠시 동안이라도 그 맵고 뜨거운 국물이 여러분을 위로할 수 있었으면 좋겠습니다. 그 힘으로 또 살아갈 용기를 얻었으면 좋겠습니다. 세상과 한번 맞장 떠보자고 외칠 수 있었으면 합니다.

- 다시 한번 졸업을 축하합니다.

<덧> 졸업은 엊그제였다. 감기 몸살로 진통제와 해열제와 항히스타민제로 버티는 며칠 동안 깊은 우울을 앓았다. 난, 언제나, 늘, 이별을 힘들어한다. 이별은 언제나 남겨진 자의 몫이기 때문이다. 그리고 다 하지 못한 책임에 대한 회한 또한 길게 이어지리라.

아마도 난 위로가 필요했나보다

월드컵과 나

지인이 오늘 페이스북에 가족들과 쇼핑을 가서 막상 사려던 자신의 봄 한철 격정을 인내할 티셔츠는 사지도 못하고, 가족들 성화에 '○○ 구스' 라고 하는 어떤 유명 상표의 운동화를 사줄 수밖에 없게 되어 한 달 용돈을 거진 다 쓰게 되었다는 슬픈 사연을 올렸길래, 호기심 대마왕인 내가 가만있을 수가 없어서 바로 검색에 들어갔다. 당췌 '○○ 구스' 가 머다냐, 뭐 길래 그리 비싸다냐 싶어서.

검색을 하다가 심장이 뚫~ 하고 멎을 뻔했다. 옴마나~ 시상에 만상에, 먼 해괴망측하기 이를 데 없이, 완전 모냥 빠지는 운동화 가격이 무슨 그대로 시상(世上) 하직허게 맹글만큼 거시기허게 후덜덜하냐, 잉? 하면서 다시 눈을 씻고 봤다. 혹시 내가 시력이 나빠져서 똥글뱅이를 잘못 봤나 싶어서 말이다. 다시 허거걱 했다. 제대로 보긴 혔네, 아즉까진 눈이 해태가 된 건 아닝게 하고 가슴을 쓸어내렸다.

내가 보기에는 '○○ 구스'라는 운동화 생긴 모양이, 그 돈 주고 사느니 차라리 동대문 시장에 가서 제일 조악하게 만들어진 운동화 하나 사서 흙 묻은 발로 잘근잘근 곱다시 밟아주고, 끈 잠깐 풀어서 시멘트 바닥에 좍좍 긁어대다 다시 끼운 다음, 못이나 뭐 튀어나온 거 있는 벽에 운동화 옆구리 득득 문지르고 나서, 남들한테 나 '○○ 구스' 신었네~ 하고 큰소리치면 에누리 없이 먹힐 각인데 말이다.

생각해보니 나 중고등학교 시절에도 소위 말하는 '메이커' 운동화가 있었다. 월드컵, 프로스펙스, 나이키가 요즘 말로 하면 3대 천왕으로 자리 잡고 있었다. 그중에서 제일 비싼 게 나이키였고, 다음이 프로스펙스, 가장 싼 메이커가 월드컵이었다.

아마도 난 위로가 필요했나보다

운동화에 얽힌 다음과 같은 우스갯소리가 있었다. 달리기를 하는데 제일 먼저 들어온 사람이 월드컵을 신고 있었단다. 시중의 평가나 선호도, 가격대와 달리 제일 싼 월드컵 운동화를 신은 사람이 일등을 했으니 기자가 어쩐 일인가 싶어서 인터뷰를 했단다. '아, 월드컵 운동화가 달리는 데 더 좋은 신발인가 보군요?' 그러자 일등한 사람 왈, '아니요, 세상 부끄러워서 남들이 제 운동화가 뭔지 알아 볼까봐 발이 안 보일 정도로 빨리 달린 거예요. 그러다 보니 일등을 했네요.' 아마 우리 사회의 체면 중시, 남의 눈을 유난히 의식하는 정서를 읽어낸 우스갯소리가 아닌가 싶다.

다시 생각해보니 학창 시절, 우리 집은 메이커고 뭐고 제대로 된 물건을 여유 있게 사줄 형편은 못 되었던 것 같다. 아버지께서 그럭저럭 버시는 편이었으나, 할머니, 증조할머니에 유난히 늦게 시집 안 간 고모까지 열 명의 대가족의 생계는 오롯이 아버지 혼자의 어깨 위에 얹혀 있었다. 딸린 자식만 다섯에 심지어 위로 셋은 바투 붙은 연년생이었다. 한 자식이 초등학교 입학하면 바로 다음 해에 또 다른 자식이 입학하고, 그다음 해에 또 한 자식이 입학해서 같은 학교 안에 세명이 나란히 나란히 다니는 걸로 유명했었다.

그러다 보니 겪게 되는 일화도 꽤 있다. 한 선생님께서 나에게 오셔서 '너 누구 언니니?'라고 물으시면 또 다른 선생님께서는 내 동생에게 가서 '너 누구 동생이니?' 하고 물으시는 일이 다반사였다. 그러나 그런 일들이 좋은 경우만은 아니었으니 이를테면 이런 거다. 내게 와서 물으시는 샘은 '네 동생 진짜 무슨 아역배우처럼 예쁘던데~'라고 하셔서 외모에 그닥 자신 없던 나의 자존감을 하염없이 바닥으로 내려놓도록 인도하심으로써 향후 나 자신에 대한 무한한 겸손(?)과 외모지상주의에 대한 증오심을 심어주셨다. 한편 동생에게 가서 나에 대해 물으시는 샘은 '어머, 니네 언니는 공부 진짜 잘 하던데~'라고 말씀하심으로써 못하지는 않았으나 나보다는 다소 부족한 성적을 기록하던 동생으로 하여금 평생 '공부 잘하는 것들이 어디 잘 살기까지 하는지 두고 보자'고 하는 '공부 잘하는 것'들에 대한 아니꼽고 삐딱한 마음을 가지도록 유도하시기도 했다. 그러나 그렇듯 사소한 몇 가지만 빼면 우리 자매는 선생님 말씀 잘 듣고, 학교 규칙 어기는 바 없이 그럭저럭 사이좋게 학교를 다녔다.

하지만 막상 엄마는 빠듯한 살림살이로 인해 우리에게 남들이 입는 거, 남들이 먹는 거, 남들이 공부하느라 챙기는 참고서 등등을 사주는 것을 많이 버거워하셨다. 무엇보다 시조모까지 모시고 사는 층층시하(層層侍下)에 제사까지 많은 종가에서, 모시는 어른들보다 아이들에게 신경을 더 쓴다는 건 언감생심(焉敢生心)이었다. 그러다 보니 우리가 신는 신발은 밑창이 해져서 물이 샐 지경쯤은 되어야 연년생 셋을 끌고 시장에 가 같은 종류로 − 다른 종류를 사주면 그날 밤 모두가 잠드는 시각에 '용쟁호투'에 나오는 것 같은 무협활극이 세 자매의 이불 안에서 벌어지는지라 − 색깔만 달리해서 사주는 게 너무나 당연했다. 색깔만은 달리해서 사주신 건 키나 체격이 고만고만한 연년생 세 자매가 혹시라도 서로의 신발을 구분 못 하고 또 싸울까 봐 배려했던 섬세함이었다.

암튼 시장표 운동화를 공평하고 공정하고 정의롭게 배분받으면 다시 운동화 밑창이 해질 때까지는 아무 불평도 하면 안 되었다. 당시 엄마는 다섯 명의 아이들을 회초리로 훈육하셨는데, 특히나 잘못을 했다 싶으면 반드시 자신의 입으로 무슨 잘못을 했는지 말하도록 했으며, 심지어 자신이 행한 잘못의 대가로 몇 대를 맞을 것인지도 스스로 결정하게 했다. 엄마가 회초리를 들 낌새가 보인다 싶으면 연년생 세 자매의 얼굴에는 공포와 함께 몇 대를 불러야 엄마가 흡족해하면서 양자 간 협상이 타결될지를 계산하는 표정이 빠른 속도로 회전목마 돌아가듯 빙글빙글 돌면서 퍼져나갔다. 멍청하게 조금 덜 맞겠다고 너무 적은 숫자를 부르면 자기 잘못을 모르는 게 되기 때문에 나중에 협상이 타결되더라도 합의된 숫자에서 한 대 더 맞아야 했다. 그렇다고 죽을죄를 지었다고 하면서 무조건 많이 맞겠다고 할 수도 없었다. 어떤 바보가 지 스스로 나서서 매를 벌겠는가. 그러니 될 수 있는 대로 최소한으로 맞으면서, 그러나 엄마가 보기에도 적절하다 싶게 맞을 숫자를 고른다는 건, 아직까지 세속의 때가 묻지 않아 눈치라고는 약에 쓸래도 찾아보기 어려운 꼬맹이들에게 참으로 어려운 일라 아니 할 수 없었다. 그래서 어린 나이지만 어지간하면 불평불만을 말하지 않는 습관을 몸으로 익히는 것이 그마나 생존을 위해 터득한 지혜였을 것이다.

당시에도 시장표 신발은 짝퉁이 많았다. 많은 아이들이 경쟁하듯 신고 다니는 월드컵, 프로스펙스, 나이키 짝퉁이 시장에 가면 널리고 널렸었다. 우리는 항상 색깔만 달리해서 그중 하나를 골라 신게 되었다. 그러면 바로 밑의 동생은 울먹거리면서 그랬다. 친구들이 짝퉁인 거 금방 알아본다고, 솔직히 학교 신고 가기 싫다고. 물론 앞서 가시는 엄마가 듣지 못하게 소곤거렸다. 나는 눈물 그렁거리며 잘 들리지도 않게 징징거리는 그 애가 이해되지 않았다. 누가 알아본다는 건가. 어느 누가 그렇게까지 예민하고 섬세한 전문 감별가로서 매의 눈을 가지고 짝퉁과 진품을 구별한단 말인가. 말도 안 되는 이야기였다. 그래서 늘 당당하게 짝퉁을 신고 학교에 갔고, 아무도 그게 시장 좌판에서 산 싸구려 짝퉁 월드컵이냐고 묻지도 않았으므로, 그리고 사실 남들이 짝퉁임을 알아본다고 해도 별로 개의치 않는 무신경한 인간이 나라는 인간이었기에 그런 사소한 걸로 징징 거리며 인생을 허비하는 그 애를 가볍게 무시하며 룰루랄라 집과 학교를 오갔다.

그러던 어느 날, 학교에서 나와 회수권 한 장 아끼겠다고 30여 분 거리의 집까지 방향이 같은 친구와 조잘조잘 떠들면서 걸어가고 있었다. 수다 떠는 중간에 갑자기 친구가 그런다.

- 애들이 넌, 우리 또래 같지 않고 존경스럽대.
- 잉? 무슨 소리야?
- 메이커도 아닌 운동화를 신고도 늘 당당하고, 옷도 몇 벌 없는데 항상 깨끗하게 돌려 입는 거 보면서 넌 좀 뭔가 다르다고 그래.

(허거거거거거거거거거거거걱~~~~~~~~)

- 이거 월드컵 아닌 건 알았어?

- 당연히 알지, 완전 다르잖아.

- 어떻게 월드컵이 아닌 걸 알아봐?

- 그냥 보면 알지. 완전 다른데?

그러니까, 그러니까 나만 몰랐다. 나만 짝퉁과 메이커를 구별 못했다. 나만 짝퉁과 메이커가 구별될 수 있다는 걸 몰랐던 거다. 당췌 알 수가 없었다. 무늬가 같은데 어떻게 알아본 거지? 어떻게? 응? 다시 봐도, 신경 쓰면서 자세히 살펴봐도 난 당췌 구분 자체가 되지를 않았다. 그때 받은 충격은 아직도 생생하다.

요즘도 가끔 친한 친구한테 구박을 받는다. 어쩌다 인터넷으로 싸구려 가방을 하나 사려고 검색해서 어떠냐 보여주면 그게 명품 짝퉁이라는 거다. 짝퉁을 드느니 차라리 그냥 싸구려 가방을 드는 게 더 낫다며, 짝퉁을 드는 사람들은 좀 허황되어 보이고 허세를 부리려는 사람처럼 보인다고도 한다. 나는 그런 명품 브랜드가 있는지도 모른다. 그래서 그런 브랜드가 있느냐 되물었더니 한숨을 쉰다. 그러니까 너도 제

아마도 난 위로가 필요했나보다

발 다른 사람들이 뭐 하고 사는지, 요즘 트렌드가 뭔지 정도는 관심 좀 가지라며, 아예 모르고 있다는 건 사회성이 떨어지는 거라며 잔소리를 시작한다. 모른다는 게, 알고도 무시하는 것과 아예 처음부터 무식한 건 하늘과 땅만큼의 차이, 나아가 도를 깨우친 부처와 돼지만큼의 차이라고 오금까지 박는다. 생각해보니 그 말이 맞다.

그래서 이 글 처음에 했던 나의 말을 취소한다. '그 돈 주고 사느니 차라리 동대문 시장에 가서 제일 조악하게 만들어진 운동화 하나 사서' 운운한 세 번 째 단락 말이다. 그렇다고 또 페이지 넘겨가며 그 부분이 어디 있는지 찾고 그러지 말았으면 한다. 예전 기억 떠올리니 심히 부끄럽다. 나만 모르고 남들은 다 아는 세상, 세상 살기 차암~~ 어렵다.

March. 26

　대학 시절 내 주요 활동무대는 압구정동이었다. 그 시절 강남은 부모 세대가 이룩한 물질적 풍요를 바탕으로 퇴폐적 소비문화를 즐기는 젊은이들을 일컫는 '오렌지족'과 '야타족'이 거리를 휘젓는다고 언론이 떠들던 곳이었는데, 그중에서도 특히 그들이 활보한다고 알려진 압구정동 일대는 부의 상징인 H 아파트가 위용을 자랑하던 곳이었다.

　현란한 불빛이 맴을 도는 압구정역에서 내려 십 분 정도 길을 걸어가면 매일 아르바이트하러 다니던 학원이 나왔다. 중·고등학생들을 소수 정예로 묶어서 그룹을 만들고, 거의 과

외처럼 국어, 영어, 수학을 가르치던 곳이었다. 나는 그중에서도 대입을 중심으로 하는 고3 아이들 몇 명을 특별 관리하던 반을 맡았는데 주로 국어를 가르치면서 그 아이들의 대학 지원까지 책임지는 걸 담당했었다. 부담스럽고 힘든 만큼 당시 대학생이 통상적으로 받던 삯치고는 꽤 높은 수준의 보수가 내게 책정되었다. 그러니까 당시 내 주요 활동무대가 압구정동이 되었던 건 그곳이 소비의 상징인 것과는 아무 상관 없이 '벌이'를 위한 주요 서식지였기 때문이다.

한편 경험 없는 대학생이었기 때문에 아무리 과외와 학원이 넘쳐나던 시절이라 해도 대학 지원까지 책임지는 고등 반을 맡는다는 건 언감생심 어려운 일이었다. 그러나 원장은 무엇을 보고 그랬는지는 몰라도 나를 어마무시하게 신뢰했으며 내 칭찬을 입에 달고 다녔었다. 물론 나중에 몇 달 치 월급을 떼였고, 또 그가 돈과 얽혀서 여러 불미스러운 일을 벌이는 바람에 결국 그 학원을 나오고 말았던 기억만 무시한다면 그는 내게 어떤 측면으로든 많은 걸 베푼 사람이기는 했다.

학원 아이들의 부모 직업은 들을 때마다 가느다랗게 탄성을 내뱉을 만큼 화려했던 곳이었다. 아이들의 입성은 깨끗했고 웃음은 맑았다. 학원을 방문해서 상담을 마치고 돌아갈 때면 부모들은 언제나 허리를 깍듯하게 접으며 인사를 했다. 자신들의 아이를 잘 부탁드린다며, 늘 선생님의 노고에 감사하는 마음을 가지고 있다는 말도 잊지 않음으로써 비록 비정규직 학원 강사지만 최선을 다해야겠다는 사명감이 저절로 생기게 만들었다.

화려한 겉모습과 달리 예의와 겸손, 불가해한 친절함이 인상적이었던 그곳에서, 그러나 난 철저히 이방인이었다. 사람들이 아무리 예의를 갖추어 내게 친절하게 대해도 낯설고 서걱거리는 느낌은 가시지 않았다. 비싼 사립대 학비와 아끼고 아껴도 늘 부족하기만 한 용돈을 감당하기 위해선 평일 저녁 시간의 대부분과 주말 시간 전부가 필요했다. 학교 수업이 끝나고 창백한 표정으로 허겁지겁 출근하면, 그때부터 정신없는 하루가 다시 시작되었다. 급한 진도를 맞추기 위해서 강의 말투는 언제나 빠르기만 했고, 묻는 말에는 정확하지만 기계적인 응답만 했다. 저녁 먹을 시간이 되면 동전을 세면서 조용히 밖으로 나가 포장마차의 김밥을 사왔다. 비만 오면 하나밖에 없는 싸구려 구두에는 늘 물이 찼고, 전철역을 나서자마자 매일 허덕이며 뛰던 그 시절의 내 발은 싸구려 구두 속에서 퉁퉁 불어 있

아마도 난 위로가 필요했나보다

었다. 예의와 친절과 따뜻한 미소를 가진 그들과 비교해 늘 여유가 없고, 웃음이 부족했으며, 표정은 딱딱했다. 그 거리의 낮과 밤을 헤맸으나, 그곳이 나의 땅이 될 수 없음을 머리가 아닌 가슴으로 받아들이던 시절이다.

그러던 어느 날, 역시 전철역을 나서자마자 뛸 준비를 하던 내 눈에 간판 하나가 시야에 들어왔다. 역에서 내려 조금 걷다 보면 나오는, 골목으로 돌아 들어가는 자리에 조그맣고 겸허한 자세로 음전하게 앉아 있던 카페 하나. 이름이 'March. 26' 이었다. 공교롭게도 3월 26일은 내 생일이었다.

간판을 처음 마주한 순간 강렬한 호기심과 설레임이 일었다. 뭐지? 왜 하필 카페 이름이 'March. 26' 일까? 애인이나 아내의 생일, 그것도 아니라면 사랑하는 딸의 생일인 걸까. 아니면 어떤 사연이 깃든 날짜, 이를테면 첫사랑과 연관된, 혹은 카페를 개업한 날짜인 걸까. 언제나처럼 시간에 쫓겨 전철역을 나서면 헐떡거리며 아르바이트 장소로 뛰다시피 달려가야만 하는 날들이 계속되었지만, 가는 길에 매번 마주치는 그 카페 이름은, 시간이 지날수록 궁금증을 더 불러일으킬 뿐이었다. 그리고 상상과 호기심은 차곡차곡 쌓여만 갔다.

어쩌다 한 번쯤은 그 작고 아담한 카페 문을 밀고 들어가 호기롭게 비싼 커피 한잔 주문하고, 조용히 창밖에 펼쳐지는 풍경을 응시하는 여유를 부리다, 주인장에게 카페 이름에 얽힌 사연을 묻고 싶기는 했다. 그의 사연을 들어주고, 고개를 끄덕이며 공감해주고, 혹시라도 그 사연이 아픈 거라면 한 번쯤 내 아픈 이야기도 털어놓으면서 웃고 싶었다. 그러나 더 아프게도 그 차 한 잔의 경제적 여유와 웃으며 주인장을 부를 수 있는 시간적인 여유, 당시의 나에겐 둘 다 없었다. 이후 회사에 들어가 야근과 철야를 밥 먹듯이 하게 되어, 그 잘난 강남땅을 떠날 때까지 줄곧 그랬다.

세월은 흘러 강산이 두 번 정도 변하고, 다시 생일을 맞이하면서 그때의 그 작은 카페를 떠올린다. 아직도 그 자리에 있을까, 살짝 돌아 들어간 자리에 낮고 조그맣고 겸허한 느낌으로 자리 잡은 채 지나가는 사람들을 바라보고 있을까. 여전히 간판은 약간 삐뚜름하게 걸려있고 기울어진 간판에 'March. 26'이라는 글자를 달고 있을까.

며칠 전 생일날, 페이스북에 올린 'March. 26'이라는 내 글을 보고 그 시절 알던 사람에게서 메시지가 왔다. 처음엔

아마도 난 위로가 필요했나보다

누구인지 바로 떠오르지 않아서 카톡 창에 떠 있는 이름 세 글자를 한참 들여다봤다. 시간이 조금 지나서야 그가 누군지 떠올랐다. 다시 휴대폰 창에 뜬 그의 문자를 훑었다. 그가 찍어 보낸 글자 하나하나에는 안쓰러움과 애절함이 같이 찍혀 있었다.

  – 몇 년 전 지나가다 보니 그 카페는 이미 사라졌더라.
  – 이제는 아프지 마라, 제발.
  – 아직도 네가 아프면 내 마음이 안 좋다, 아프지 마라.

그제야 고립되어 외롭다고 느꼈던 그 시절에도 누군가 나를 바라보고 있었다는 기억이 뭉클 솟아올랐다. 혼자가 아니었구나. 누군가는 나를 바라보고 있던 젊은 날이었구나.

3월 26일. 그 화려한 거리에서 우울하게 고개를 숙이고 걷던 초라한 내 젊은 날을 떠올린다. 그러나 그 기억은 이방인으로 걷던 거리에서 유일하게 말을 건네던, 그 작은 간판이 나에게 주었던 위로의 기억도 함께 불러다 주었다. 그리고…… 나를 바라봐 주었던 어떤 남학생의 순결했던 마음도 함께.

내 이름은 스물두 살

　　스무 살 무렵, 영어 학원에 등록해서 일주일에 서너 번씩 수업을 들으러 다녔었다. 학교 수업과 몇 개의 아르바이트를 병행하느라 늘 시간에 쫓기던 시절이었다. 허겁지겁 수업 들으러 갔다가 수업이 끝나면 바로 튀어나와 아르바이트 장소로 이동해야 했던 나날들.

　　그 시절의 난 여러 상황들이 겹쳐 무지 우울한 인간이었는데 거기에다 빌어먹을 영어라는 놈이 – 지금도 그렇지만 그때도 역시 – 나를 참 싫어했다. 그렇지 않아도 이후 오랫동안 우울하게 전개될 나의 20대가 시작되던 시기, 끝도 안 보

아마도 난 위로가 필요했나보다

이는 터널 안에 갇혀있던 시기였다. 웃지 않는 젊은 여자. 얼굴의 반 정도는 푸른 그늘을 얇은 막처럼 늘어뜨리고 다니던 조로(早老)해버린 젊은 여자. 스무 살의 나는 울음이 목에 가득 찬 상태로 하루를 버티곤 했다.

그날도 그랬다. 수업이 막 시작하려던 참이고, 여느 때처럼 강의실에 헐레벌떡 뛰어 들어가 헐떡거리며 지정된 자리에 앉으려던 참이었다. 예쁜 한지에 손글씨로 적힌 시(詩)가 얌전하게 책상 위에서 나를 바라보고 있었다.

- 내 이름은 스물두 살/ 한 이십 년쯤 부질없이 살았네.

심장이 쿵, 하고 소리를 냈다. 스물두 살이 되려면 아직 남아 있었지만, 한 이십 년 부질없이 살았다는 자기 고백적인 시구는 쿵 쿵 쿵 내 심장을 두드렸다.

누굴까. 이 시를 내 자리에 놓고 간 사람은 누굴까? 잘못 놓고 간 건가? 슬쩍 주위를 둘러봤지만, 누군지 알 길이 없었다. 그날 강사가 열정적으로 떠들어대던 강의 내용은 하나도 귀에 들어오지 않았다. 누굴까. 누굴까. 누굴까. 도대체 누가

이 시를 놓고 갔을까. 본인이 직접 쓴 시일까, 아니면 다른 어디에서 시를 베껴 온 걸까. 물음은 지치지도 않고 꼬리를 물며 원을 그렸으나 알 길은 없었다.

며칠이 지나고, 그날은 아침부터 비가 왔다. 장마가 시작되고 있었다. 당시 10명의 대식구 틈에서 살았기에 조금이라도 늦게 집을 나서면 앙상한 뼈대만 남은 찢긴 우산만이 현관 앞에 덩그러니 남아 있는 걸 보게 되는 날들이 부지기수였다. 하지만 그날은 아침에 식구들보다 먼저 집을 나선 덕에 우산하나 제대로 건져 집을 나설 수 있었고, 잠시 내게 주어진 행운에 감사하며 학원에 도착했다. 그러나 막상 수업이 끝나고 학원 문을 나서려는 순간, 지하철에 우산을 두고 내렸다는 것과 잠깐 비가 그친 사이 아무 생각 없이 룰루랄라~~ 역에서부터 학원까지 걸어왔다는 걸, 막 학원 문을 밀어젖히던 참에 깨달았다. 이런 쿠엔장, 뭔 놈의 행운이 이토록 짤막하고 짜리몽땅하더란 말이냐.

그냥 비 맞으며 가자, 그래 뛰자, 라고 생각하는 순간, 내 머리 위에 우산 그늘이 드리워졌다. 그리고 나직한 목소리가 들렸다.

아마도 난 위로가 필요했나보다

- 안녕하세요.

그 순간, 그냥 알았다. 아, 시를 내 책상 위에 놓고 간 남학생이구나. 그러나 고개를 돌려 바라볼 용기는 없었다. 앞만 바라보았다. 비는 여전히 속절없이 내리고, 심장은 뛰고, 우산은 큼직했다.

- 같이 우산 쓰고 역까지 가도 될까요?
- ....
- 혹시 학생인가요?
- ....
- 어느 학교인지 물어봐도 될까요?
- ....

질문에 묵묵부답 앞만 바라보고 서 있다가 결국 계속되는 어색함과 낯선 이질감을 견디지 못하고 입을 열었다.

- 그냥 비 맞고 혼자 갈게요. 우산은 치워 주세요.

그리고는 냅다 뛰었다. 머리카락을 타고 흐르는 빗줄기가 눈썹을 지나 눈으로 스며들었다. 한여름이었으나 오슬오슬한 한기가 옷자락을 뚫고 들어왔지만, 혹시라도 남학생이 따라올까 봐 미친 사람처럼 뛰었다. 전철역 입구에서 비로소 크게 한숨을 내쉬고… 바로 역사 안으로 들어오는 전철을 타고 아르바이트를 갔다. 물에 빠진 생쥐 꼴로 수업을 마쳤고, 다시 비를 쫄딱 맞고 올 때보다 더 초라한 모습으로 집으로 돌아갔다.

이후 '내 이름은 스물두 살…'로 시작하는 시가 장정일의 1986년 作이라는 걸 알게 되었지만, 그 일이 있고 나서는 학원에서 어떤 남학생도 다시는 말을 걸어오지 않았기 때문에 결국 그 시를 내게 준 사람이 누군지는 영영 알 길이 없게 되었다.

하지만 지금도 기억한다. 그 시의 구절들을 떠올리면 여름의 입구에서 쏟아지는 비, 습기 먹어 곰팡이 핀 벽처럼 우울하던 시절의 내게 심장 쿵쾅거리며 다가왔던 설레임, 쏟아지는 비를 맞으면서도 길을 나서려던 내게 드리워지던 다정한 우산의 느낌을 말이다. 오늘처럼 비가 내리고, 자신이 작고 초라해 보이고, 이룬 것 없이 한발씩 늙음을 향해 쇠락해간다는 우울함에 몸이 저리는 때면, 한때 이름도 모르던 한

아마도 난 위로가 필요했나보다

남학생이 손글씨로 써서 내게 준 詩와 따뜻하게 내 몸을 가려주던 넓은 우산을 떠올린다.

쓸쓸하여도 오늘은 죽지 말자……*, 고 시의 한 구절을 중얼거리는 밤이다.

*〈지하인간〉, 장정일

순결하고도 완벽한 어둠 속으로

- 고시원 체류기 1

1.

처음에는 무슨 말인지 알아듣기 힘들었다. 그의 말은 일단 내뱉었다가 일정 주기를 두고 다음 말을 입안으로 도로 삼키기를 반복하는 것처럼 웅앵웅앵거리는 걸로 들렸다. 게다가 손으로 입을 가리고 말하는 바람에 더더욱 징징 울리듯 명확하지 않은 발음이었다.

- 저기요, 그러니까 #%$#$$#*&*&*!@!@ 해달라구요.

아마도 난 위로가 필요했나보다

가까스로 해석을 해보니 복도를 지나가는 내 발걸음 소리가 영 신경에 거슬려서 공부하는 데 방해가 되니 좀 조심해달라는 말이었다. 내가 평소 발뒤꿈치로 땅을 찍어대듯 걷는 것도 아니었고, 그렇다고 구두를 신고 돌아다니는 것도 아니다. 오히려 나비처럼 살랑살랑 걷는 편이라고 생각해왔는데 걸음을 조심해달라고 대놓고 말하니 기분이 좋을 리 없었다.

그렇다. 고시원에 들어와 주인아주머니 말고 처음으로 대화를 나눈 사람이 건넨 첫마디가 슬프게도 그런 말이었다.

2.

옆지기와 아이들은 대구 집에 놔둔 채, 서울에는 지낼 곳도 마땅히 없으면서 시험 보기 직전 무작정 고시원에라도 들어가 마지막 정리라도 해야겠다는 절박감으로 짐을 싼 건 임용고사를 한 달도 채 남겨놓지 않은 시기였다. 연년생으로, 그것도 딸랑 13개월 차이인 세 살, 네 살 두 아이를 돌보면서 살림도 해야 하던 당시 처지로는 도저히 시험공부에 집중하기 어려웠기 때문이다. 바로 옆에 사시던 시부모님께 한 달만 아이들을 보살펴 주십사 염치 불고하고 부탁드렸다. 그리고는 바로 짐을 싸서 노량진의 어느 낡은 고시원으로 기어들어 갔다.

'기어들어 갔다'는 표현이 딱 맞는 게, 내가 기거하게 된 고시원은 주변 다른 고시원들보다 더 오래된, 더 많이 낡은 건물이었고, 그나마도 큰길을 훨씬 벗어나 골목 안쪽으로 심심치 않게 들어가서 언덕을 제법 올라가야 나오는 건물이었다. 그만큼 가격도 다른 곳보다 훨씬 착했는데(?), 처음 나를 맞아준 고시원 사장 아주머니는 그 고시원이 주변의 다른 곳에 비해 얼마나 말도 안 되는 싼 가격을 유지하고 있는지에 대해 처음 들어간 날부터 나오는 날까지 나를 볼 때마다 강조하고는 했다. 사실이었다. 그 가격 아니라면 나 역시 그 고시원에 머물고 싶지 않았을 테니 말이다.

복도의 벽지는 군데군데 누런 얼룩이 져서 더러워 보였고, 공동욕실의 샤워기는 녹이 슬어 있었다. 머리카락이 엉겨 붙어있는 하수구는 하루에 한 번 이상 청소한다는 아주머니 말이 분명히 거짓말이라는 걸 증명해주고 있었다. 게다가 옥탑에 공동주방이라고 만들어놓은 곳은 식탁을 세로로 돌려

벽에 딱 붙여놓아야 할 만큼 비좁아서, 두 사람이 마주 보고 앉아 밥을 먹을 생각은 언감생심(焉敢生心) 꿈도 꾸지 말아야 했다. 그러니까 만약 누군가와 반드시 밥을 같이 먹어야 한다면 어색함을 무릅쓰고 벽만 쳐다보고 앉아 먹어야만 한다는 뜻이다. 그럴 바에는 차라리 — 설령 두 명이 동시에 주방에 들어왔다 하더라도 — 한 사람이 먼저 먹기를 기다렸다가 나중에 혼자 먹는 편이 훨씬 마음 편할 수밖에 없는 구조였다.

어두컴컴하고 좁게 뻗은 복도 양옆으로 역시 비좁고 긴 관처럼 방들이 들어차 있는 고시원.

노량진에서 제일 싼 그 고시원에도 계급이 있었다. 창문이 있는 방과 창문이 없는 방의 가격이 달랐는데 창문이 있으면 19만 원, 창문이 없으면 15만 원이었다. 처음 방을 구할 때 주인아주머니는 내게 창문이 있는 방을 먼저 보여줬는데, 보는 순간 내 입에서는 에계계~~ 소리가 절로 튀어나왔다. 그 작고 가느다란 창문도 창문이라고 4만 원을 더 받는 건가 싶어서 기가 막혔기 때문이다. 시원시원하다 못해 다소 급한 승질머리를 가지고 있는지라 더 볼 것도 없이 호기롭게 질렀다.

- 15만 원짜리 창문 없는 방으로 할게요.

어차피 한 달만 있으면 나간다. 딸랑 한 달이다. 게다가 공부만 할 거다. 시험 볼 때까지만 있을 거니까 구태여 4만 원씩이나 더 내고 창문이 있는지 없는지를 따질 필요 없다는 게 당시의 내 판단이었다. 카타콤(지하 묘지)의 길고 긴 터널과 비슷한, 길고 긴 복도에 늘어선, 비좁고 긴 관들이 도열해있는 듯한 밀폐된 고시원 방문 앞에서, 무지몽매했기에 안일한 판단을 할 수밖에 없었던 내 처음의 결정을 후회하기 시작한 건 불과 사흘도 지나지 않아서였지만 말이다. 게다가 시험을 치르고도 논문의 막바지 완성을 위해 두 달을 더 머무르게 될 줄은 결코 예상하지도 못한 채 큰소리 친 것이다. 호기롭게 말하는 내 말을 중간에, 툭, 무 자르듯 아주머니가 말했다.

- 따라와.

3.

카타콤으로 이어지는 길고 좁은 통로를 따라 발뒤꿈치를

아마도 난 위로가 필요했나보다

들고 최대한 사뿐사뿐 따라갔다. 복도는 어두컴컴했고, 천장에 달린 조명은 흐릿했다. 뿌연 불빛 탓에 벽지가 무슨 색인지 분간되지 않았다. 거의 똑같이 생긴 걸로 보이는 문들을 스쳐 지나 주인아주머니는 복도 중간 어느 방문 앞에 섰다. 306호. 베니어합판으로 만들어진 출입문 위쪽에 306호라고 적힌 작은 팻말이 붙어 있었다.

　- 3층은 여성 전용 층이고 2층하고 4층은 남자들 층이야. 그리고 305호 아가씨는 새벽에 나갔다가 밤늦게 들어오는 직장인이니까 별로 신경 쓸 일 없을 거야.

　방문을 열자 제일 먼저 눈에 들어온 건 천장을 평행으로 가로지르는 두 개의 스테인리스 긴 봉이었다. 거기에 빨래를 널어놓는다고 했다. 뱅글하고 눈동자를 한 바퀴 굴리니 방 전체의 크기가 한눈에 쏘옥 들어왔다. 말 그대로 한눈에 쏘옥! 딱 관 두 개가 들어가면 맞춤일 것 같은 크기의 방이었다. 만약 죽어서 카타콤에 묻힌다면 관 두 개 정도가 들어갈 만한 이 정도 크기를 차지하는 것만으로도 과분하다는 생각이 들었을 것이다. 하지만 나는 아직은 숨 쉬고 있는 사람이었다. 터무니없이 좁은 침대 하나와 딱 침대 넓이만큼 남아 있는 여유 공간은 아직 숨이 붙어 있는 사람이 거주하기에 결코 넉넉하다고 할 수 있는 공간이 아니었다. 게다가 그 공간마저도 한쪽 끝에는 좁은 책상 하나, 그 책상 위에 또 딱 고만큼의 넓이와 폭을 가진 책장이 점령하고 있었다. 그렇다고 침대 위가 여유로운 건 아니었다. 그 위로도 역시 베니어합판으로 만들어진 폭이 좁은 옷장이 천장 끝까지 붙어 있었다. 한 치 벌어진 틈도 없이 다닥다닥 숨 막히게 붙어 있는 공간이 눈에 들어오는 순간, 바깥세상과 이곳은 결계가 쳐져 있는 게 아닌가 싶은 비현실적인 느낌마저 들었다.

천장 중간에 알몸으로 대롱대롱 매달린 형광등에서 쏟아져 내리는 빛은, 빛이라고는 단 한 점도 스며들지 못하게 사방이 벽으로 막혀 있는 공간과 대비되어 눈이 시릴 지경이었다. 그러나 눈이 시릴 지경일 뿐이지, 사방 어디로도 새어나갈 틈조차 허락받지 못한 그 빛은 한없이 창백하고 허망해 보였다.

— 따라와. 식당 알려줄게.

다시 발뒤꿈치를 들고 살금살금, 아니 살랑살랑 나비가

아마도 난 위로가 필요했나보다

날갯짓 하듯 걸어서 5층으로 올라갔고 비상계단을 통해 원래
는 옥탑방이었을 곳에 어설프게 만들어놓은 공동주방이랍시
고 만들어놓은 곳으로 안내되었다. 앞서 말한 것처럼 식탁을
세로로 벽에 붙여 놓았고 6인용 전기밥솥이 식탁 거의 대부
분을 점령하고 있었다. 그리고 작지 않은 냉장고가 식탁 맞은
편에 버티고 서 있었다. 냉장고 문에는 여러 종류의, 다양한
색깔의 포스트잇이 잔뜩 붙어 있었다.

   – 제발 남의 음식 훔쳐 먹지 맙시다. 양심은 어디에 두셨나요?

   – 딸기 우유, ○○○ 소유. 매일 하나씩 마시려고 사놓은 거니
     손대지 마시오.

   – 유통기한 지난 반찬 좀 버리시오. 냉장고에서 썩는 냄새가 나오.

   – 어제 냉장고에서 사과 몰래 먹은 놈, 목에 걸려 죽어라.

   – 요구르트 버리세요. 유통기한이 지난달 3일이었네요.

포스트잇을 하나하나 읽는데, 전기밥솥을 열어 보이며 주
인아주머니가 말했다.

   – 밥은 언제나 잔뜩 해놓으니까 반찬만 있으면 하루 세끼는 걱
     정 없어. 반찬은 사다가 냉장고에 넣어두면 돼.

고슬고슬을 넘어 모래알처럼 서걱거리는 밥알이 커다란 밥솥 안에서 금방이라도 튀어나와 사방으로 날아오를 것처럼 보였다. 물에 말아 먹어야 목으로 넘어가겠군, 순식간에 머릿속에서는 노량진 시장에 가서 젓갈이나 무말랭이무침 따위 사다 놓는 것 외에 다른 반찬은 의미도 없겠다는 데까지 생각이 굴러갔다.

대충 설명을 듣고 당분간 내 방이라고 지정된 306호로 돌아와 트렁크는 책상 밑에 쑤셔 넣고 좁고 기다란 침대에 몸을 눕혔다. 그러자 푸르스름하고 창백한, 한없이 허망해 보이는 형광등 빛이 고스란히 내 몸으로 쏟아져 내렸다.

스위치를 눌러 불을 끄자 세상의 모든 소리가 사라지고 지독한 적막만 남았다. 실오라기 같은 빛 한 점 새어들어 오지 않는 순결하고도 완벽한 어둠의 공간. 비로소 나는 집을 떠나 비록 한 달이라는 시한부이긴 하나 고시원에 둥지를 틀게 된 것이다. 물론 그 첫날, 이후 석사 논문 때문에 몇 달 더 연장하게 되리라는 걸 전혀 예상도 하지 하지 못했고, 침대에 몸을 던져 넣은 채 그대로 까무룩 잠이 들고 말았다.

아마도 난 위로가 필요했나보다

4.

　순간 어리둥절했다. 순백의 공간만큼이나 순흑의 공간은 눈을 멀게 한다. 완전무결한 암흑 속에서 눈을 떴을 때, 내가 속한 시공간이 춤을 추듯 너울거렸고, 다양한 무늬의 다양한 군상들이 눈앞에서 명멸하는 듯한 환각이 들었다. 잠시 정신을 추스르고 나서야 고시원에서 맞은 첫날 아침이라는 걸 깨달았고, 비로소 머리맡을 더듬어 핸드폰을 켤 수 있었다.

　새벽 5시 반. 날카롭게 뻗어 나오는 푸른빛 안에 찍혀 있는 시간. 알람은 6시에 맞춰 놓았으니 30분은 더 자도 되었다. 그러나 찬물을 끼얹은 것처럼 정신은 점점 더 명료했다. 몸을 일으켰다. 서걱거리는 이물감이 고시원 내 방, 새벽 공기 안에 섞여 있었다. 치약과 칫솔을 들고 문을 나섰고, 좁고 긴 통로 가장 끄트머리에 붙어 있는 공동욕실로 갔다.

　음산하고 축축한 공기. 습기가 차 있는 걸로 보아 방금 누군가 씻고 나갔음이 분명했다. 차가운 물로 물 세수만 하고 양치를 했다. 화장을 안 하는 경우 물 세수만 하는 건 내 오래된 습관이다. 5분도 채 걸리지 않은 세면이 끝나고 다시 306

호로 돌아왔을 때 핸드폰의 액정에는 6시도 채 안 되는 숫자가 번쩍거리고 있었다.

6시 기상, 6시 반까지 세면 및 커피 한 잔, 8시까지 전공 공부, 8시 반까지 아침 식사 후 9시까지 양치, 맨손 체조 및 커피, …… 밥 먹고 양치하고 맨손 체조하는 30분을 제외하고는 물 샐 틈 없이 전공과 교육학 공부로 채워 넣은 시간표였다. 내게 주어진 시간은 28일이었다. 그 28일 동안 두꺼운 전공 서적 8권과 그보다 더 두꺼운 교육학책 한 권을 머릿속에 구겨 넣어야만 했다. 28일이 지나면 마법이 풀리는 신데렐라처럼 다시 재투성이로 돌아갈 것이다. 두 번은 없을 것이다. 실패한다면 다시는 기회가 주어지지 않을 것이었다. 갓난쟁이를 겨우 면한 연년생 두 아이가 딸려있는 아줌마에게 다음 해에 한 번 더 도전하겠다는 말이란 채 꺼내기도 전에 공중에서 산산조각으로 부서져 내려 땅에 닿기도 전에 녹아 사라질 종류의 것이었다. 빼곡히 필기가 들어찬 책과 다른 색깔의 글씨로 그보다 더 빽빽하게 채워진 공책이 고시원 좁은 책상 위, 딱 그만큼 좁은 책장 안에 빈틈없이 꽂혔다.

3일 동안은 처음의 계획대로 하루의 시간이 굴러갔다. 정확하게 밤 12시면 천장 위에서 홀랑 벗은 알몸을 대롱거리며 창백하고 허망하게 빛을 뿜어내는 형광등의 스위치를 껐고, 스위치가 내려지면 찾아오는 순결하고도 완벽한 어둠에 갇혀 꿈도 없는 잠을 잤다. 알람이 울리기 전 몇 번 의식이 돌아오기도 했으나 새벽인지 아침인지, 그도 아니면 24시간을 돌아서 다시 밤이 찾아온 건지 알 수 없는 순수한 어둠에 둘러싸인 채, 핸드폰의 알람을 믿으라고, 그러면 된다고 토닥토닥 자신을 달래며 다시 잠이 들었다.

울고 있는 동안은
하늘을 볼 수 없어요
- 고시원 체류기 2

5.

3일 정도 지나자 내가 속한 시공간에 어느 정도 적응이 되었다. 그러자 고시원에 머물고 있는 사람들, 그중에서도 같은 시간대에 공동주방을 이용하는 몇몇 사람들의 얼굴이 눈에 익숙해졌다.

노량진 시장에서 반찬 몇 가지 사 들고 들어온 첫날, 공동주방에 들어서자 소곤소곤 말소리가 들렸다. 여자 두 명이었다. 냉장고 뒤의, 옥상으로 나가는 문 앞에 형성된 좁은 공간

안에 들어가 두 여자가 속닥거리고 있었다. 어차피 옥탑이라 방이 있는 아래층까지 소리가 들릴 리 없는데도 그녀들은 허밍처럼 속삭이듯 말을 했다. 숨을 죽이고 뱃속 깊은 곳에서부터 끌어올리는 습기 찬 허밍으로 말하는 게 그녀들의 몸에 배어 있는 습관처럼 보였다.

낯선 자들의 도시에 들어온 신참이 지켜야 할 룰은 어디나 같은 법이다. 결코 아는 척하지 말아야 한다. 나는 마치 눈앞에 아무것도 보이지 않는다는 듯, 최대한 조용히 살금살금 걸어 들어가, 눈을 내리깔고 지금 막 먹어야 할 무말랭이무침만 사온 용기 그릇째 식탁 위에 올려놓아 둔 채 나머지 반찬을 냉장고에 넣었다. 커피포트의 스위치를 올리고, 물이 끓는 동안 커다란 밥솥의 뚜껑을 열고 날개를 달고 금방이라도 바람에 풀풀 날아갈 것만 같은 밥알을 꾹꾹 모아서 밥그릇에 담았다.

물이 끓자 밥에 물을 들이부었다. 물에 만 밥 한 숟갈에 무말랭이무침 한 조각, 밥 한 숟가락에 무말랭이무침 한 조각. 둘 중 어느 하나도 차별하지 않겠다고 굳게 결심한 차별 혐오론자처럼 기계적인 평등에 입각해서 밥과 무말랭이무침을 번갈아 입에 넣었다. 입안으로 들어간 둘은 마침내 하나가 되어 자동화된 기계처럼 목구멍을 타고 넘어갔다. 밥 한 숟가락에 무말랭이무침 한 조각, 밥 한 숟가락에 무말랭이무침 한 조각.

물에 만 밥이 절반쯤 없어졌을 때 무심코 그녀들의 대화 내용이 귀에 들어왔다.

둘 다 공무원 시험을 준비 중인 듯했다. 한 명이 다른 한 명에게 공무원 시험에 대해 높은 허밍으로 쉬지 않고 설명을 하고 있었다. 공무원 시험의 성격, 이제까지 출제된 공무원 시험의 흐름, 앞으로의 나올 법한 시험 문제에 대한 예상. 그리고 이제까지 합격한 사람들의 특징, 합격한 사람들에 대한 숨겨진 이야기 등등. 그러나 그녀가 가장 강조하는 것은 무엇보다 지금 이 시대에 가장 최고의 직업은 공무원이라는 사실이었다. 하나의 화제가 끝날 때마다 '그러니까'를 덧붙이며 '그래서' '공무원'이 그 어떤 직업보다 좋은 직업이라고 반복함으로써 세속에서 흔히 말하는 의사나 판검사보다 더 좋은 조건을 가진 직업처럼 들려왔다.

아마도 난 위로가 필요했나보다

내가 밥을 다 먹을 때쯤 되었을 때 그녀의 이야기는 어느새 자기 신세 한탄으로 흘러가고 있었다. 그녀가 벌써 4년째 공무원 시험을 보고 있으며, 처음 시험을 준비할 때는 그래도 7급을 목표로 했었는데, 높은 가산점의 벽에 막혀 눈물을 머금고 9급으로 변경할 수밖에 없었다는, 그나마 9급 역시 가산점의 벽으로 인해 겨우 1, 2점 차이로 국가직과 지방직에 걸쳐 몇 번의 실패를 거듭했으며, 그 결과 지금까지 고시원을 벗어나지 못하고 있다는 사실은 내가 알고자 싶어서 알게된 건 아니었다. 숨도 쉬지 않고 말을 이어가는 그녀의 허밍이 구태여 의도하지 않아도 밥 한 숟가락에 무말랭이 한 조각씩 꾸준히 공평함을 유지하며 식사하고 있는 내 귀로 흘러들어왔기 때문이다. 또 다른 그녀의 목소리는 거의 들리지 않았다. 가끔 아, 라든가 그렇군요, 라든가 혹은 끙, 하는 소리가 들릴 뿐이었다.

물에 만 밥 한 공기를 다 비운 다음, 일어나 개수대로 갔고, 간단하기 그지없는 설거지를 마쳤다. 306호로 돌아와 문을 닫고 나니 다시금 흠잡을 데 없는 적막이 사방을 에워쌌다. 전공 책을 펼쳤고, 후루룩 책장을 넘기며 머릿속에서 목차와 목차에 해당하는 내용을 떠올리며 정리를 시작했고, 예상 문제를 내면서 그에 해당하는 서술형 답을 일목요연하게 머릿속에 떠올리려 노력했다. 외부와 철저하게 단절된 백색의 공간, 완벽하게 소리가 사라진 무음의 공간에서 깨닫지도 못하는 사이 밤이 깊어갔다.

6.

밤 10시가 조금 넘은 시간, 옆방 문이 조심조심 열렸다가 살금살금 닫히는 소리가 들렸다. 들어왔구나. 새벽에 나갔다가 밤늦게 들어온다는 직장 다니는 아가씨. 지금이 들어오는 시간이구나. 다시 옆방 문이 조심조심 열렸다가 살금살금 닫혔고, 발걸음 소리가 자박자박 복도 저쪽 끝으로 멀어져 갔다. 완벽하게 소리가 통제되고 있는 공간에서는 청각이 상상 이상으로 예민해진다. 그녀가 무얼 하는지는 미세하게 흔들리는 공기의 작은 파동만으로도 감지해낼 수 있었다. 방문이 열리고 닫히는 소리, 숨을 참으며 발뒤꿈치를 들고 바닥과의 마찰을 최소화하며 걸어가는 소리, 노력은 하지만 어쩔 수 없이 중력의 지배를 받아야 하는 존재가 발바닥을 바닥에 내려놓으면서 내는 소리는 그녀가 지금 씻기 위해 공동욕실을 향

아마도 난 위로가 필요했나보다

하고 있음을 넌지시 일러주고 있었다. 어쩌면 지난밤에 내 숨소리, 잠꼬대 소리, 코 고는 소리, 돌아눕는 소리까지 더하고 뺄 것 없이 고스란히 옆방으로 흘러 들어갔을지도 모르겠다는 생각이 들었다.

다시 자박자박 발바닥이 복도 바닥을 스치는 소리가 점점 가까워졌고, 문이 조심조심 열렸다가 살금살금 닫혔다. 아, 씻고 돌아왔구나. 이상했다. 옆방의 그녀는 얼굴조차 본 적 없는 사람이다. 그럼에도 불구하고 고시원 내에서 그녀가 무얼 하는지 바로 눈앞에서 보는 것처럼 생생하게 그려졌다. 미세한 파동 하나하나마다 거미줄에 걸려 죽음을 목전에 둔 불쌍한 나방의 날갯짓처럼 파르르르 곤두선 내 청각의 레이다에 걸려 들어왔기 때문이다. 어쩐지 나는 한 번도 본 적이 없는 그녀를 언젠가 만난 적이 있는 것만 같은 느낌이었다. 그렇게 고시원의 밤이 깊어가는 듯했다.

그러나 밤 11시가 조금 넘은 시간. 그 날의 목표치로 잡았던 전공 공부의 분량이 거의 끝나가고 있을 때였다. 갑자기 얇은 베니어합판 벽 너머로 끅, 소리가 들렸다. 잘못 들었나 싶었는데 다시 끅, 소리가 들렸다. 귀가 둥그렇게 솟았고 옆방을 향해 기약 없이 구부러졌다. 그러자 이번에는 끅, 끅, 소리가 두 번 났다. 얇은 베니어합판은 그 소리를 바로 옆에서 듣는 것처럼 전달했다. 이어서 *끄*윽, *끄*윽, *끄*윽, 길게 *끄*는 소리가 이어졌다. 옆방의 그녀가 울고 있었다. 그녀가 운다. 무슨 일인지 모르나 밤 10시가 넘어서 들어와 씻고 자려고 누운 시간에, 잠이 들어야 다시 새벽에 출근할 수 있을 텐데, 그 시간에 잠을 자지 못하고 울고 있다. 끅 끅 소리가 잠시 뜸을 들이듯 멈추었다가, 다시 *끄*윽 *끄*윽 하는 소리가 꼬리를 길게 늘이며 이어졌다. 아주 잠깐, 숨을 참듯 멈추었다가, *끄*윽 *끄*윽 소리를 반복한다.

울고 있었다. 한 번도 본 적 없으나, 언젠가 꼭 본 적이 있는 것 같은, 반드시 알고 있는 것 같은 그녀가 울고 있었다. 울지 말아요. 운다고 해결되는 건 세상천지 아무것도 없을 거예요, 라고 조용히 중얼거리기만 했어도 아마 그녀는 바로 옆에서처럼 또렷이 들을 수 있었으리라. 하지만 나 역시 숨을 최대한 참으면서 조금씩 조금씩 몰아쉬고 있는 처지였다. 그저 책상 앞에 쥐 죽은 듯 앉아 있었다.

아마도 난 위로가 필요했나보다

7.

스물다섯 무렵이 떠올랐다. 하고 싶던 공부는 등록금 마련이 어려워서 포기하고, 무조건 처음 붙은 회사에 두 눈 감고 들어가 매일 야근하고 밤 11시가 넘어야 집에 들어가던 시절. 가끔은 철야를 밥 먹듯이 하던 시절. 대학 시절 내내 아르바이트로 주말도 없이 발바닥이 부르틀 정도로 돌아다녔음에도 끝내 마련하지 못했던 그 돈, 그 누군가한테는 하룻밤 술값에 불과할지도 모르는 돈, 그 돈이 없어서 삶의 방향키를 돌려야 했던 시절. 잠을 자야 다음 날 출근을 할 텐데, 12시 넘어 잠자리에 들었다가도 새벽 4시면 잠이 깨어 코끝 시리게 외풍이 들이차는 차가운 옥탑방 벽에 머리를 찧어 가며 울던 시절, 이마가 부딪히는 콘크리트 벽의 차가움이 뼈마디로 흘러들어오던 시절, 그녀의 울음은 나를 그 시절로 데려가고 있었다.

할 수만 있다면 그녀의 어깨를 안아주고 싶었다. 지금은 죽을 것처럼 힘들어도 시간이 지나면 사람은 또 살게 마련이에요. 간절히 원했던 그 어떤 것도, 죽을 것같이 힘들게 만들던 그 무엇도 세월의 더께가 앉으면 빛을 잃고 퇴색하지요.

그러면 또 다른 무엇이 나를 위로하러 다가오는 날도 있는 법이거든요. 그게 또 그렇게 나쁘지만은 않아요. 울지 말아요. 울지 말고 기운 내요. 울고 있는 동안은 하늘을 볼 수 없어요.

그녀의 울음이 서서히 잦아들 때쯤 나 역시 잠자리에 누울 시간이 되었다. 이곳에 들어온 이상 나는 기계적인 인간이 되어야 했다. 정해진 시간에 일어나고, 계획한 시간에 맞춰 잠이 들어야만 했다. 그게 내가 이곳에 들어온 가장 중요한 이유였기 때문이다. 마침 잠을 방해할 것만 같았던 그녀의 울음소리가 내 취침 계획 시간에 맞춰 잦아들었으니 다행이었다. 베니어합판을 사이에 두고 더할 수 없이 가까우나 완벽한 타인들이었다. 책을 덮고 책상의 조명을 껐고, 다시 손을 돌려 방 형광등의 스위치를 내렸다. 순결하고 완벽한 어둠이 나를 꿈도 없는 잠으로 이끌었다.

8.

며칠이 지나자 고시원에 머무는 사람들에 관한 기본적인 정보를 자연스럽게 알게 되었다. 이름은 '고시원'이었지만 정작 고시를 준비하는 사람은 보질 못했다. 공무원 학원이 밀집되어 있는, 공무원 시험의 메카라고 알려진 노량진의 특성상 공무원 시험을 준비하는 사람들이 가장 많았다. 그리고 그 일대에서 가격이 가장 싼 고시원답게 각종 시험과는 무관하게 임시 거처로 삼고 잠만 자는 사람들도 제법 되는 것 같았다. 그래서 일부는 새벽같이 고시원을 나갔고, 나머지는 하루 종일 고시원에서 자박자박 소리를 내고 복도를 지나가거나, 공동주방에 와서 식사를 하고 커피를 타 마시고, 설거지를 했다.

다음 날 비슷한 시간에 공동주방에서 저녁을 먹는데, 전날 보았던 '공무원 시험'이 다시 또 높은 허밍으로 누군가에게 열심히 설명하고 있는 게 보였다. 그러나 이야기를 나누는 사람이 전날 본 사람과는 달랐다. 전날에는 작은 키에 어깨가 둥글고 단발머리인 여자와 이야기를 나누고 있었는데 그날은 안경 쓴 깡마른 여자와 머리를 맞대고 있었다. 그러나 말하는 내용은 신기하게 조금도 다르지 않았다. 나폴거리는 밥알을 물에 말아 숟갈에 무말랭이무침을 얹어 전날과 마찬가지로 기계적인 평등에 입각해 공평하게 한 번씩 교대로 집어먹고 있는 내 귀에 들리는 내용은 조사 하나 다르지 않은 것 같았다. 그녀는 그 말들을 얼마나 많이 반복하고 있었던 걸까. 아니, 얼마나 오랜 시간 그 좁고 후미진 공간 안에서 고립을 피해 몸부림치며 자기 이야기를 내뱉고 있던 걸까.

나 역시 다른 사람과 다를 바 없었다. 나라는 인간도 마치 데칼코마니 찍은 듯 두 번째 날도 첫날과 똑같은 표정과 자세로, 똑같은 시간에 걸쳐서, 먹고 설거지하고 몇 개 안 되는 그릇을 씻어 통에 엎어놓은 채 식당을 나섰다. 밥을 먹고 치우고 뒷정리를 마치고 식당 문을 나서는 길지 않은 시간 동안, 그러고 보니 그녀들과 인사 한마디조차 나누지 않았다는 걸 깨달았다. 나 역시 그곳에서 한 달이 아니라 일 년, 혹은 3년을 지낸다 해도 크게 달라지지 않을 성싶었다.

방으로 돌아와 다시 전공 책을 펼쳤다. 시험을 같이 보는 대부분의 사람들에게 있는 가산점이 내게만 없었다. 남들보다 7년이나 늦은 시험이었다. 가산점은 우리 때 있었기도 했고, 없었기도 했다고 들었다. 사범대 가산점은 늘 있어왔으니 설령 내가 7년 전 시험을 치렀다 해도 사범대 출신이 아닌 나로서는 가산점이 없기는 마찬가지였을 것이다. 그러나 복수전공 가산점은 내가 대학을 졸업할 무렵 가지고 있던 사람은 별로 없었다. 우리 때는 없었던 복수전공의 풍토가 그사이 보편화되어 있었다. 7점이라고 하는 높은 가산점 혜택 때문이었다. 그래서 당시 나와 같이 임용고사를 치르는 사람들 대부분은 사범대 가산점 5점과 복수전공 가산점 7점, 컴퓨터 관련 가산점 2점 정도는 기본으로 가지고 시험을 보러 왔다. 그에 비해 난 가산점이 …… 아무것도 없었다.

그러니까 이미 나보다 14점 이상 높은 점수를 가지고 있는 사람들과 50~60 대 일의 경쟁을 뚫어야만 합격할 수 있는 시험을 보려고 하는 중이었다. 타고 있던 말은 어디론가 도망가 버리고, 맨발에다, 갑옷은 낡아서 너덜거리는데, 창은 끝이 부러져 허술하기 짝이 없고 그래도 그거나마 무기라고 꼬나쥐고서 곧 폭풍우가 몰아칠 벌판에 홀로 서서 적을 기다리는 심정이었다. 들리는 말로는 가산점 없이 서울 지역에서 합격한 경우는 이제껏 없다고 했다. 내가 상담을 요청했던 학원의 강사는 가산점 하나 없는 애 둘 딸린 아줌마가 그것도 첫 시험에서 서울 지역에 원서를 낸 건 '터무니없는 짓'이라고 일갈했다. 수강생들 사이에서는 노량진 바닥에서 이제는 접을 때가 된 끝물 강사로 평가되고 있던 그는, 정 시험을 보고 싶다면 지역 사범대가 없어서 '사범대

가산점'이 아예 없던 경기도로 지원하라고 친절하게 조언해주는 걸 잊지 않음으로써 자기 역할을 다하기는 했다. 만약 이번 시험에 떨어진다면 그 다음 기회는 없을 것이다. 강사 말대로 '터무니없는 짓'을 한 대가로 이곳 카타콤에 영원히 미래를 저당 잡힐지도 모른다.

거기까지 생각을 하는데 들여다보는 책의 글자들이 창백하게 지질린 형광등의 불빛으로 어룽거린다 싶더니 후두둑 눈물이 흘러내려 종이가 젖었다. 콧물도 같이 흘러내렸다. 휴지를 뜯어 조심조심 콧구멍을 눌렀다. 혹시라도 옆방에서 들을까 봐 한쪽 콧구멍 끝을 눌러서 짠 다음, 다른 쪽 콧구멍 끝을 눌러서 나머지 콧물을 짰다. 눈물이 턱에 걸려서 대롱거리다 다시 책 위로 후두둑 떨어졌다. 빌어먹을, 한 달 뒤라면 모를까, 아직은 책이 찢어지면 안 되는데, 하필이면 두 번째 떨어진 눈물로 책의 같은 부분이 젖었다. 조그맣게 욕설을 내뱉었다. 욕과 함께 젖은 종이도 찢어졌다.

옆방 문이 삐걱거리며 열리는 소리가 들렸다. 그녀다. 정확하다. 10시다. 무슨 일을 하는 건지 모르지만, 전날과 같은 시간이다. 다시 방문이 닫힌다. 신데렐라는 자정이지만, 그녀는 10

아마도 난 위로가 필요했나보다

시에 마법이 풀렸나 보다. 유리 구두는 어느 곳엔가 던져두고 마법이 풀려 넝마가 된 옷을 걸치고 소금에 절인 열무같이 축 늘어진 팔과 다리를 어깨와 엉덩이에 단 채 돌아왔는지도 모른다. 다시 방문이 조용조용 열리고 전날과 마찬가지로 발걸음 소리가 멀어졌다. 모든 게 첫날과 완벽하게 일치했다.

끅, 끄윽. 끅, 끄으윽. 첫날과 완벽하게 일치하는 건 그녀의 발걸음 소리만은 아니었다. 비슷한 시간, 입술을 어거지로 비집고 새어 나오는지, 억눌리고 비틀리고 뒤틀린 울음소리가 전날과 똑같이 얇은 베니어합판으로 만들어진 벽을 타고 스며들어왔다. 끄으윽, 끅, 끄윽.

눈물이 두 번 떨어져 찢어진 책장은 복구가 안 될 성싶었다. 어느 정도 암기가 된 부분이니 기억나는 대로 공책으로 옮겨 적었다. 글자를 옮겨 적는 사각사각 소리에 맞춰 비슷한 간격을 두고 울음소리가 흘러들어 왔다. 끅, 끄윽, 끅, 끅, 끄윽. 교육학 한 개의 장과 문학의 고전시가 영역에서 고려 시대에 해당하는 부분 절반을 정리하는 동안 그녀의 울음도 서서히 잦아들었다. 얼추 한 시간 정도 지났다. 드디어 사위가 적막해졌다. 잘 시간이었다. 불을 껐다. 다시 순흑의 어둠이 얼굴로 쏟아져 내렸다. 팔다리를 덮고 온몸을 감싸고 돌아드는 흑색의 공간에서 잠으로 빠져들었다. 오늘의 하루를 데칼코마니로 찍으면 내일이 될 터였다.

아마도 난 위로가 필요했나보다

이 비 그치면, 다시 봄
- 고시원 체류기 3

9.

임용고사를 보러 새벽에 길을 나서던 날은 싸락눈이 소리 없이 날리고 있었다. 밤새 흩날렸는지 도로변 화단 키 작은 관목에는 눈처럼 보이는 것들로 제법 소복했다. 하지만 고시원 부엌 한 귀퉁이에 놓여있던 밥솥의 포슬거리던 밥알처럼 바람이 불어오자 공중으로 나폴나폴 날아올랐다.

지나치게 난방이 잘 되어 숨이 막히던 여고 교실에서 손가락이 저릴 정도로 빠르게 답을 적어나갔다. 문제를 보자마자 답을 구상하고, 내용을 조직하고 쉴 새 없이 써야 했다. 사각거리는 필기 소리에는 몇 년 동안 카타콤을 벗어나지 못하고 쌓아놓은 공무원 시험에 대한 지식을 매일 저녁 다른 상대를 붙잡고 높은 허밍으로 빠르게 읊조리던 어떤 여자의 목소리와, 매일 정확한 시간에 돌아와 매일 같은 시간에 타이어 끄는 소리를 내며 길게 길게 울던 또 다른 여자의 울음이 묻어나오는 것 같았다.

틀리면 안 된다, 고 생각했다. 내게는 여유가 없었다. 단 1점의 가산점조차 없는 상황에서 작은 실수는 곧 시험에서의 실패를 의미했다. 싸락눈이 내리는 축축한 날씨 때문에 시험지에서는 눅눅한 냄새가 배어나왔다. 그 냄새 속에는 고시원 벽에 말라붙어있던 정체불명의 얼룩에서 스며 나오던 냄새와 비슷한 느낌의 냄새가 달라붙어 있었다.

그곳으로 다시 돌아가고 싶지 않았다.

아마도 난 위로가 필요했나보다

10.

  예상했던 기간보다 두 달을 더 보내고서야 짐을 뺄 수 있었다. 임용시험이 끝나고 나자 이번에는 석사논문 마감이 코앞으로 다가왔고, 역시 시간에 쫓기게 되었다. 석사논문이 통과되지 않으면 임용시험에 합격되더라도 교사 자격증 취득 실패로 합격마저 취소될 판이었다. 막판까지 허덕거리며 자료를 찾고 글의 구성을 새로이 하고 문장을 수정하면서 문맥을 가다듬었다. 결국 결승점에 도달하면 다 끝날 줄 알고 심장 터질 듯 뛰었는데 막상 바로 코앞에 보이던 결승점이 그 바로 뒤로, 다시 그 다음으로 미루어진 느낌으로 고시원에 머물렀다.

  석사논문 심사가 끝나고 고시원 방을 빼야 하는 날짜가 며칠 남아 있었지만 지긋지긋한 심정으로 대구 집으로 내려가 며칠 머물렀다가 마지막 날 짐을 가지러 고시원으로 다시 돌아왔다. 한낮의 고시원은 사뭇 다른 느낌이었다. 좀 더 을씨년스럽고 낡아 보였다. 고시원까지 올라가는 언덕에 자리한, 삐딱한 간판을 위태롭게 매달고 있는 오래된 슈퍼도 그랬지만 세탁소 앞에 놓인 빛바랜 평상도 하염없이 쓸쓸해 보였다. 세탁소 옆에 자리한 철물점은 밖에 내놓은 잡다한 철로 된 물건들로 한층 황폐한 풍경을 만들고 있었다. 주인이 술을 마시면 가끔 배를 걷어차서 깨갱거리는 소리가 언덕 아래까지 흘러내리던 철물점집 개는 대낮이라 다행히 목줄을 맨 채 지나가는 사람들에게 한가롭게 배를 보이며 드러누워 있었다. 누런 개는 커다랗고 순한 눈을 끔벅거리며 내게 말을 걸었다.

– 이봐, 나는 이 언덕에서 너처럼 그렇게 안달복달하는 인간들을 수없이 봐왔거든. 그런데 모두 그렇게 안달을 하다가 결국 어디론가 사라지고는 했지. 아, 물론 그들이 그토록 안달을 하며 무언가를 이루려고 하는 게 잘못된 건 아니야. 그렇다고 그들이 하고 싶었던 걸 성공했을 거라고도 생각하지 마. 나를 봐. 비록 가끔 배를 걷어 채이기는 하지만, 그리고 겨우 하루에 한 끼만 먹지만 그럭저럭 살만한 일생을 보내고 있잖아. 아, 그렇게 헐떡거리며 미친 사람처럼 이 언덕을 오르지 말라니까.

개의 눈을 들여다보며 구슬프게 대답을 했다.

아마도 난 위로가 필요했나보다

- 모든 사람들이 무언가를 이루려고 살아가는 게 아니야. 대부분은 그저 삶을 견디고 있는 거지. 하루를 견디고, 한 달을 살아내고, 일 년을 버티고. 그저 보잘것없어 보이는 일상을 이어나가기 위해 눈물겹게 순간순간을 살아가는 거야. 거창한 그 무엇이 존재한다고 믿는 시기는 일생에서 아주 짧아. 어느 순간 사람들은 알아버리지. 자신만이 아니라 정말 많은 사람들이 헐떡거리며 언덕을 오르고 있다는 사실을. 그리고 언덕 너머에 거창한 무엇이 있어서가 아니라 언덕이 앞에 있으니 그저 오르고 있는 거고.

누런 개는 더 이상 말하지 않았다. 고시원에 들러 주인아주머니에게 마지막 인사를 하고 짐을 가지러 방으로 가려는데 머뭇거리던 아주머니가 빠르게 말을 하기 시작했다. 사실 고시원 현관을 들어설 때부터 무언가 스산한 분위기가 스멀거리며 발밑으로 깔리고 있는 느낌이었다.

- 아, 왜, 그…… 아가씨(내 개인사에 대해 전혀 이야기를 하지 않은지라 주인아주머니는 나를 공무원 시험을 준비하는 결혼 안 한 처자로 마음대로 생각하고 있었다) 바로 옆방에 머물던 직장 다닌다는 아가씨가 며칠 전에 자살을 했어. 자기 방에서 목을 맸더라구.

– 아이고, 내가 정말 살다 살다 별꼴을 다 봐. 증말. 아니, 왜, 남
  영업하는 곳에서, 하필. 아니, 말이야, 누구 장사 망칠 일이
  있는 것도 아니고. 아니, 뭐, 죽은 건 불쌍하긴 한데, 그 바람
  에 여러 명 짐 싸서 나갔다니까. 중간에 항의하고 나가는 바
  람에 돈 도로 내주고 난리도 아니라고. 며칠 동안 아주 정신
  이 쏘옥~ 빠지는 줄 알았다구.

  '아니' 소리를 추임새처럼 넣으며 따발총을 쏘아대듯 말하
던 주인아주머니는 생각났다는 듯 나를 보며 쐐기를 박았다.

– 아가씨야 기한이 다 찼으니까 뭐 돈 도로 내줄 것도 없지만
  말이야.

  어디선가 울음소리가 들려오는 것 같았다. 끅, 끄윽, 끅, 끄
으윽. 끅, 끅. 길고 길게, 시멘트 바닥에 타이어를 끄는 것처럼
가늘고 길게 이어지던 울음소리. 끝날 듯, 끝날 듯, 끝나지 않
고 이어지던 울음소리. 매일 밤 정확하게 같은 시간에 들려오
던, 얇은 베니어합판을 사이에 두고 손에 잡힐 듯이 느껴지던
그 울음소리. 귓가를 파고드는 울음소리를 외면하며 천천히
한 계단 한 계단 발걸음을 옮겼다.

아마도 난 위로가 필요했나보다

11.

모든 사람들이 무언가를 이루려고 살아가는 게 아니야. 대부분은 그저 삶을 견디고 있는 거지. 하루를 견디고, 한 달을 살아내고, 일 년을 버티고. 누런 개에게 하던 말을 읊조리며 걸음을 떼어 계단 하나를 밟고 그다음 계단을 밟았다. 가끔 도저히 그 하루를 견디기 힘들어지는 사람은 자신의 생(生)을 놓아버리기도 하지. 언덕 너머에 거창한 그 무엇이 존재하지 않는다는 걸 알아버렸기 때문이 아니라, 더 이상 언덕을 오를 힘을 잃어버린 사람들 말이야. 그냥 그 자리에 주저앉아 버리는 경우도 있는 법이야. 누런 개에게 하지 않았던 말을 중얼거리며 3층 복도로 들어섰다.

첫날 보았던, 카타콤으로 이어지는 긴 통로와도 같은 복도의 벽지는 낮은 조명으로 인해 여전히 색을 분간하기 어려웠다. 자동으로 발뒤꿈치가 올라갔고, 심해로 막 가라앉는 잠수함처럼 무거워지는 마음과 달리 옮기는 발걸음은 나비처럼 사뿐사뿐 가벼웠다. 306호라는 팻말이 붙은 내 방 바로 옆방 문에는 폴리스라인을 표시하는 긴 테이프가 둘러쳐져 있었다. 그래서 내가 짐을 가지러 올라가기 전 주인아주머니가 미리 속사포처럼 말을 한 거구나. 애써 고개를 돌려 그곳을 향해 기울어지는 시선을 거두고 내 방으로 들어갔다. 침대 밑에 밀어 넣어 두었던 트렁크를 꺼내고, 조악하게 만들어진 베니어합판으로 만들어진 장에서 몇 개 되지도 않는 옷을 꺼내어 넣고, 세면도구를 챙기고, 책상 위의 책을 정리하는 동안 3층이지만 지하 묘지의 관 같던 방이 비워지고 있었다.

트렁크를 끌고 다시 한 계단씩 내려왔다. 2층을 거쳐 1층으로, 계단 하나에 한숨 한 번씩. 관리실에 있는 주인아주머니에게 가볍게 목례만 하고 현관을 나왔다. 올라올 때는 헐떡거렸던 언덕을 천천히 내려가면서 철물점에 이르자 누런 개가 어디 있나 힐끗거리며 찾았지만 보이지 않았다. 배를 드러내고 지나가는 사람들을 한가하게 쳐다보고 있던 개는 그사이 안으로 들어가 버렸는지도 몰랐다.

갑자기 툭, 하고 물방울이 이마에 떨어졌다. 다시 툭. 투둑. 후두둑.

겨울이 지나가느라 그런지 유난히 따뜻한 날이다 싶더니 비가 오려는 거 같았다. 아니 오고 있었다. 이 비가 그치고 나

아마도 난 위로가 필요했나보다

면 날씨가 갑자기 풀릴지도 몰랐다. 영원한 추위는 없는 법이다. 숨이 차 헐떡거리면서 올라온 언덕을 지금은 다소 건들거리며 편하게 내려가고 있듯이.

  – 이 비 그치면 한껏 옹송그리고 덜덜 떨며 저주하던 추위가 가고 봄이 한 걸음 앞으로 훅하고 다가올지도 몰라.

시멘트 바닥에 덜덜 덜덜 요란한 소리를 내며 따라오는 트렁크 바퀴 구르는 소리를 들으며 중얼거렸다. 조금 더 시끄러운 소리가 나길 바라면서 거칠게 잡아끌었다. 이미 얼굴은 빗물인지 눈물인지 알 수 없는 액체로 번들거리기 시작했다. 이번에는 좀 더 악을 쓰듯 중얼거렸다. 그 말은 나 자신에게 하는 말인지, 아니면 잠시였지만 한때 손에 잡힐 듯 나와 가까운 거리에 머물렀던 그녀에게 해주고 싶었던, 그러나 미처 하지 못했던 말인지 알 수 없었다.

  – 울지 말아요, 울지 말고 하늘을 봐요. 울고 있는 동안에는 하늘을 볼 수 없어요.

마이 네임 이즈…

　얼마 전 고등학교 동기 녀석이 물어왔다. 경향신문에 '공
무원-교사 시국선언' 명단에서 나랑 같은 이름을 발견했는
데 아무래도 흔한 이름이 아닌지라 나 맞냐고 물었다.

　돌아가신 아버지는 4대 독자에, 연안(延安) 이씨(李氏) 판사
공파 11대 종손이셨는데 우리 친정은 중조부 때부터 아주 아
주 늦은 늦둥이로만 아들을 겨우 얻어, 어렵게 독자로 대를
이어온 가문이었다. 아들이 귀하다 보니 더더욱 아들을 바라
는 집안이었다. 역시 독자이자 종손이었던 아버지는 신혼의
어느 날, 한없이 멋지고 높은 산을 목이 아프게 우러러보는

아마도 난 위로가 필요했나보다

꿈을 꾸었다고 한다. 깨고 나서는 귀한 아들을 낳을 태몽이라는 걸 확신하셨고 어머니께 조만간 태기가 있을 것이며, 아들이 태어날 거라 확언을 하셨단다.

아버지는 장남을 얻을 거라는 기대에 부풀어 아이가 태어나기도 전에 귀한 아들의 이름을 어떻게 지을지 고민하며 매일 밤 어머니를 괴롭혔다고 한다. 성명학 책을 펴놓고 온갖 한자를 골라가며 어머니께 어떤 이름이 좋겠냐고 성화를 하는 바람에, 시어머니, 시할머니에 시누까지 있는 충충시하에서 낮이고 저녁이고 숨 돌릴 틈 없이 일만 하셔야 했던 불쌍한 내 어머니는 잠이 들어야 하는 밤 시간마저 제대로 쉬지도 못했다고 훗날 입술을 앙다물며 말씀하셨다. 설핏 그때의 서러움이 다시 밀려드는 표정이었다.

그런데 낳고 보니 결국 딸이었다. 태몽도 아들을 암시하는 태몽이라고 믿었지만 분명 임신했을 때 배 모양도 아들이었고, 입덧하면서 먹고 싶어 하는 음식마저 뱃속의 아이를 아들이라고 믿게 해주었기에 집안 어른들은 태어난 첫 아이가 막상 딸이라는 사실을 알자 망연자실했다. 그러나 이내 마음을 고쳐먹었다. 집안 어른들이 '그래, 첫딸은 살림 밑천이라는데, 그리고 태몽이고 뭐고 뱃속에 있을 때부터 그렇게 아들 같이 보이던 아이였으니 아마 바로 남동생을 보게 될 거'라 는 초긍정적 마인드로 갈아타는 데는 그리 오랜 시간이 걸리지 않았다.

문제는 이름이었다. 아들이라고 믿고 있었을 때에는 아들 이름만 여러 개 지어놨는데 막상 딸이 태어나니 마땅히 지어줄 만한 이름이 없었다. 그래서 아버지와 할머니는 태어난 아이의 사주를 들고 철학관을 찾아갔다고 한다. 태어난 아이의 사주를 받아서 풀어본 유명 철학자(지금도 이름만 대면 알만한)는 느닷없이 책상을 내리치며 신음을 내뱉었단다. '아깝다, 남자로 태어났다면 한 시대를 이끌 인물인 것을, 못해도 최소한 국무총리까지는 갈 인물인 걸… 왜 하필 기집아이로 태어나가지고, 이런 쯧 쯧 쯧…' 이러면서 혀를 찼고, 그 안타까워하는 소리는 바깥에 무릎을 꿇고 공손하게 자신들의 차례를 기다리고 있는 또 다른 손님들 귀에까지 들려 궁금증에 엉덩이를 들썩거리게 만들 정도였단다.

그러더니 그는 무슨 천명을 누설하듯 아주 은밀한 목소리로 자신의 말 한마디 한마디에 힘을 주어가며 또박또박 말했

아마도 난 위로가 필요했나보다

다고 한다.

  – 아마 아주 뛰어난 배필을 만날 겁니다. 이 아이가 딸이니 본
   인은 현모양처가 될 것이고 남편을 어마어마하게 출세시킬
   겁니다. 아이를 열을 낳아도 모두 아들을 낳을 것입니다. 그
   아이들은 모두 당상관(하참~ 이 고전틱하고 클래시컬한 벼슬 이름이
   라니~)을 만들 겁니다. 말년에 당상관까지 올라간 여러 명의
   아들들(아들이라는 말이 중요하다!)에게 봉양을 받으며 복록을 누
   릴 겁니다.

   그러면서 지어준 이름이 지금의 내 이름이다. 물론 그런
'내 귀에 캔디' 같은 점괘와 함께 복채, 그러니까 작명 값은
아주 두둑하게 챙겼을 것이다.

   그리하여 내 이름은 이의진(李宜珍)이 되었다. '마땅 의
(宜)'字에 '보배 진(珍)'으로 결정된 것이다. 아마 한자를 뜻
으로 풀어본다면 '마땅하게 보배로운 사람' 정도의 의미가 되
지 않을까 싶다. 내 이름을 처음 들은 사람들 대부분은 내 이
름의 중간 字인 '의'字가 옳을 의(義)일 거라 지레짐작하지만
기실 '마땅 의(宜)'이다. 그러니까 사람들은 내 이름을 들으면

서 '정의', '곧음', '꼿꼿함'과 같은 이미지를 연상하지만 사실은 남편을 총리급으로 만들고, 아들 여러 명을 낳아서 모두 당상관 이상으로 만드는 '현모양처'로서의 삶을 주문하느라고 집어넣은 이름자들인 셈이다.

인간의 삶과 운명은 매우 아이러니해서 아버지와 할머니의 기대는 헛되었다. 나는 자라면서 현모양처가 될 소질은커녕 보통 보수적인 집안에서 딸에게 기대하는 헌신과 얌전함, 순종, 유순함 따위와는 전혀 상관없는, 그러한 기질은 눈을 씻고 찾아보려고 해도 찾아볼 수 없는 여자아이로 자라났다. 무언가 옳지 않다고 여겨지는 일은 따지고 들었고 사유가 납득되지 않으면 괴로워하며 따르기를 거부했다.

어른들의 말씀이라도 고집스럽게 받아들이지 않는 나에 대해 아버지는 두 가지를 크게 걱정하셨는데, 하나는 이 사회의 반골로 자라날까 하는 우려였고 또 하나는 이 땅의 평균적인 남자들에게 인기를 얻지 못하고 그러다가 혼기를 놓치고 연애 한 번 못한 채 시들시들 노처녀로 늙어가지 않을까 하는 게 두 번째 걱정이었다. 아마도 고집 세고 욱~하는 기질로 인해 여자로서 매력이 없을 거라 짐작하신 것 같다. 아무튼지

아마도 난 위로가 필요했나보다

간에 내 이름을 지어준 철학관에서 알려주었던 사주와는 영 딴판으로 자란 셈이다. 현모양처는 개뿔 ~~~

　그러나 내 처지에서는 또 다른 문제에 봉착했으니, 자라 면서 주변에 나랑 같은 이름을 가진 사람을 찾기 어려웠다는 거다. 영숙이나 지숙이, 미숙이, 미영이, 영미, 은숙이 이런 이 름들은 흔했지만 내 이름은 초, 중, 고를 거치면서 전교에서 항상 나 혼자였다. 그냥 '의진이' 그러면 혼자였다. 전교생을 통틀어 언제나 혼자였다. 심지어 약간 중성적인 이름이라 나 를 보기 전에 이름만 듣고는 남자로 아는 경우도 흔했다. 막 상 얼굴을 보고 어, 여자였어 하는 소리도 종종 들었다. 그래 서 나는 똑같이 마지막 글자로 '진' 자를 쓸 거면 동생들처럼 수진이나 유진이같이 좀 여성스럽고 예쁜 이름이었다면 얼 마나 좋을까 생각했던 적도 꽤 많다.

　교사로 발령을 받고, 전교조에 가입을 했는데 2009년도 에 이명박 정권이 들어서고 나서의 일이다. 이명박 정권의 말도 안 되는 정책에 전교조에서 '교사 시국선언'을 조직하 고 1차와 2차로 나누어 시국선언 교사 명단을 신문에 공개 한 적이 있었다. 명단 공개 후, 얼마 지나서 교육부에서 시국선언 교사를 파악해서 보고하라는 지침이 내려왔다. 중징계하겠다는 엄포와 함께 말이다. 그리고 신문에 실린 명단을 일선 학교에 내려보내며 해당 학교에 같은 이름을 가진 교사가 있으면 참여 여부를 본인에게 확인해 인정하면 징계를 하겠다는, 말도 안 되고 현실성도 없는 지침도 함께 내려보냈다. 당연히 전교조에서는 본인이 맞는지 확인해줄 필요 없으며, 확인 요구에 단호히 거절하라는 지침을 조합원들에게 내려보냈고 말이다.

당시 교육부의 지침이 왜 말도 안 되고 황당한 거였냐 하면 당장 서울시교육청만 해도 국립 유치원부터 초등학교, 중학교, 고등학교까지 각급 학교가 존재했으며 또 학교 수만 해도 엄청나게 많다. 예를 들자면 '김영숙'이라는 이름의 교사가 시국선언 명단에 있다고 하자. 이 이름이 서울시교육청 산하에 한 명뿐이겠는가? 유치원에 있을 수도 있고, 중학교에 있을 수도 있고 아니면 중학교라 해도 여러 중학교에 같이 있을 수도 있다. 그런데 학교에 '김영숙' 교사가 있다고 해서 앞에 가서 '당신 시국선언 했어, 안 했어?'라고 물어본다면 어느 멍청한 인간이 고분고분 '네, 제가 했어요'라고 대답하겠는가 말이다. 기가 막히고 코가 막힌 표정으로 가볍게 씹어줄 확률이 99.99% 아니겠는가.

그런데 사실 난, 승질이 좀 더러운 편이다. 만약에 와서 했느냐고 물어본다면 그냥 '했는데, 왜요?'라고 할 생각이었다. 아니면, 드라마 '대장금'에 나오는 장금이의 대사 버전으로 '했느냐고 물으시기에 한 것을 했다고 대답하는 것은 안 한 것을 안 했다고 대답하는 것과 비슷해서 한 것을 안 했다고 하는 것보다, 안 한 것을 했다고 하는 것은 한 것과 안 한 것을…'이라고 장난치고 싶기도 했다. 그런데 지침이 그러니… 좀……

당시 우리 학교 교감 샘은 충청남도 서산이 고향인 분이셨는데 목소리가 우렁우렁 크시고 서산 말씨와 억양을 진하게 쓰던 분이었다. 내가 교무기획(그것도 교육과정 업무까지 같이 하는)과 고3 담임을 맡아 야근이 잦았던 바람에 큰 교무실에서 같이 야근 많이 하면서 유난히 나한테는 친숙하게 대하셨던 분인데 어느 날 찐~~한 서산 사투리로 느닷없이 물어오셨다.

- 근디 말이여, 혹시 시국선언 혔어, 안 혔어?

지금이나 그때나 나의 이 욱~하는 승질머리가 어디 가겠는가.

  - 저는 했다고 대답하고 싶어요. 그런데 그에 대해 가타부타 답변을 하지 말라 하니… 걍 대답 안 할게요.

자, 이 말은 기실 아예 대놓고 했다고 하는 말이니, 보고 올려서 징계할 거면 하라는 식의 말이다. 에라~ 될 대로 되라 하는데, 다시 또 물었다.

  - 아, 짧고 굵게, 간단허게 말혀~ 예스인지 노우인지만 말이여 ~~~ 길게 이 말 저 말 허덜 말고오~~

아마도 내 입에서 확실하게 안 했다는 답을 듣고 싶으셨던 것도 같다. 하긴 자신이 행정가로 있는 학교에서 시국선언 교사가 있다 하면 골치 아프기밖에 더 하겠는가 말이다.

  - 아, 글쎄 묻지 마시라구요~~~ 전 했다고 대답하고 싶다구요 ~!!!

아마도 난 위로가 필요했나보다

그런데 욱 하면서 대답하는 내게 이전보다 더, 그러니까 아주 더 찐~~한 서산 사투리로 말했다.

- 미치겠어~ 나두 증말 미치겠어~~ 아, 다른 이름이 시국선언
  명단에 있으문 걍 이 이름이 시국선언 명단에 있기는 허지만
  정작 우리 학교 선생님인지는 몰겠어유~ 하면 되는 거인디,
  당신 말이여, 당신, 당신이 문제여~~

교감 샘은 잠시 뜸을 들이다 덧붙였다.

- 흐미~~~ 서울시교육청에 말이여, 다 뒤져봤는디 당신 이름
  은 딸랑 당신 하나여~ 잉? 이의진은 말이여~ 유치원, 초등학
  교, 중학교, 고등학교를 몽땅 털어도 딸랑 당신 하나라고오~
  내가 미치겠어~~~

그렇다. 내 이름은 '이의진(李宜珍)'이다. 서울시교육청에 내 이름은 나 하나다. 그렇다고 앞에 기술한 것처럼 이번 '공무원-교사 시국선언'에 들어가 있는 이름이 내 이름이라 말한 적 없다. 그 이름이 내 이름인지 묻는 친구 녀석에게 맞는지 아닌지는 알아서 해석하라고 했다. 지금도 난 답변을 거부한다.

아, 맞다. 한 가지 덧붙이자면, 금방 남동생을 볼 것이라는 어른들의 예상과 달리 내 바로 밑으로, 또 그다음 밑으로, 그리고 그 밑으로도 여동생이 태어났다. 결국 딸 넷을 낳고서야 우리 어머니 37세에, 그리고 아버지 44세의 완전 늦은 나이에 외아들을 겨우 얻으셨으니, 아들 귀한 집안의 내력은 역시 어쩌지 못한 셈이다.

　참, 그리고 또 한 가지, 아주 아주 뛰어난 배필을 만나 어마무시하게 출세시킬 거라던 명리학자의 예언은 말 그대로 헛소리가 되었으니 혹시라도 사주 믿는 분 있으시면 다시 생각해보길 바란다.

아마도 난 위로가 필요했나보다

배가 불러서 먼저 죽을 거야

죽을 만큼 아프기 전까지는 병원에 가는 것도, 약을 먹는 것도 정말 정말 싫어한다. 만약 주사까지 맞으라고 하면 차라리 죽음을 다오, 뭐 이런 심정마저 된다. 그래서 어지간히 괴로운 정도면 그냥 참는 게 습관이 되었고, 징그럽게 견디기 힘들 정도가 되면 그때서야 어기죽어기죽 도살장 끌려가는 소처럼 병원을 찾아간다.

그런데 나아지고 있다고 믿었던, 교통사고 후유증으로 여겨지는 목의 통증이 일주일 전부터 이상하리만치 심해져서 가만히 앉아 있는데도 우리하게 아파오고, 사고 직후에도 아프지 않았던 엉치마저 심하게 부딪힌 것처럼 욱신거려서 서류 작업하는 데도 지장이 오기 시작했다. 그 와중에 역류성식도염으로 인한 밭은기침은 또 얼마나 쟁그럽게 계속되는지 자다 깨다를 반복하다 새벽녘이면 도저히 견디지 못하고 일어나 앉아 몇 시나 되었는가 시간을 확인하는 지경에까지 이르렀다.

결국 몸 여기저기서 사달이 나서 안 아픈 데가 없으니, 평소 약 싫어해요, 병원 싫어해요 하면서 꼴값 떨던 자신을 급반성하기 시작했다. 항우장사라도 통증엔 견딜 재간이 없다. 해서 난생처음 내 스스로 약이란 약은 다 찾아서 먹기 시작했다. 병원에서 처방받은 약, 누군가 위에 좋다고 추천한 환약, 기침약, 빈속을 다스리는 젤 타입의 약 등등 최근 며칠 사이에 챙겨 먹기 시작한 알약의 개수를 세어보니 12개다. 약 많이 드시는 분들에 비하면야 뭐 그 정도 알약이야 물 한 모금에 다 털어 넣고 꿀떡하면 이미 위장에 도착해 있는 정도밖에 더 되겠느냐 하겠지만, 문제는 어릴 때부터 내가 유난히 약을 잘 먹지 못하던 인간이라는 점이다.

어린 시절 알약 하나 삼키려면 물 한 통을 다 마시고도 그

거 하나를 제대로 못 넘겼다. 언제나 알약은 혀 밑바닥과 어금니 구석 쪽으로 번갈아 가며 뱅글뱅글 돌면서 목구멍으로는 채 넘어가지 못하고 반 이상 녹아버린다. 그리하여 마침내 겉을 감싸고 있던 달착지근한 부분이 다 사라져버려 쓴맛이 사정없이 배어 나오기 시작하면 그때부터는 더더욱 먹기가 힘들어져서 울었다. 물약이나 가루약은 그나마 잘 먹었느냐 하면 그것도 아니었다. 물약은 그 들척지근하면서도 묘하게 신경을 긁어대는 특유의 화학약품 냄새 때문에, 가루약은 목구멍으로 집어넣기도 전에 코안으로 화악 밀려들어 오는 쓴 냄새(?)와 결국 입안으로 들어갔을 때 인정사정없이 혓바닥을 공격하기 시작하는 소태 같은 맛 때문에 넘기기도 전에 구역질을 하거나 어쩌지 못하고 토해버린 적이 부지기수다.

그나마 어른이 되었다고, 그리고 나이 먹을 만큼 먹었다고 어린 시절만큼 진상을 떨지는 않는다. 다만 여전히 약 먹는 게 고역이고, 그렇기에 죽을 만큼 아프지 않으면 그냥 끙끙 버티는 게 습관처럼 인이 박혔을 뿐이다. 그런 이유로 최근 들어 12개의 알약을 먹어야만 하는 현실 앞에서 내가 좀 방심했던 거 같다. 아무 생각 없이 받아와서 아무 생각 없이 입에 털어 넣었다.

물 한 컵 따라서 벌컥벌컥 마셨다. 원칙대로라면 이놈들은 순차적으로 나란히 줄을 서서, 사이좋게 목구멍을 따라 기어 내려가 지들에게 부여된 운명에 순종해야 했다. 그런데 12놈들 중 지들이 가야 할 길을 스스로 깨우치고 목구멍으로 넘어가는 놈이 단 한 놈도 없었다. 당황했다. 이래서는 안 되는 거였다. 12개를 도로 뱉었다. 좀 신중해야 할 필요가 있었다. 그래서 다소 만만해 뵈는 놈들로 6개를 선발했다. 늘 그렇듯 평가를 하고 선발을 한다는 건, 대상에 대한 상당한 수준의 배경지식과 선발 기준에 대한 철학과 선발 과정에 대한 공정성을 요구받는 일이다. 나는 물론 그리하였다. 알약의 크기는 명확하게 눈으로 보였으니 일정 수준의 배경지식을 가지고 있다고 자신할 수 있었으며, 목구멍으로 넘기기에 '만만한 놈'이라는 기준 설정은 약을 목구멍으로 넘겨야 한다는 절체절명의 시대적, 아니 개인적 요구에 대한 응답이 될 수 있으며, 눈곱만큼의 사심도 없이 크기만으로 6개를 선발하였으니 이는 선발 과정의 공정성을 담보하고 있다고 해도 지나치지 않을 것이다.

암튼 그렇게 선발된 6개를 입안에 털어 넣고 이번에도 물 한 컵을 들이켰다. 안 넘어간다. 저항이, 저항이 만만치 않다.

아마도 난 위로가 필요했나보다

다시 목구멍을 향해 물 한 컵을 세차게 쏟아부었다. 여전히 혓바닥과 어금니 뒤쪽과 혀 아래를 돌면서 끈질기게 게릴라 전술을 펼친다. 이건 숫제 어디 한번 끝까지 해보자는 식이다. 오기가 발동했다. 이렇게 떼로 뭉쳐서 치고 빠지기를 반복하며 끝까지 개기는 놈들은 무조건 각개격파가 답이다. 한 놈씩 끌어내서 패야 한다. 도로 다 뱉었다. 이번엔 한 놈씩 입에 털어 넣기로 했다. 물 한 모금을 마셨다. 안 넘어간다. 또 한 모금 마셨다. 이번에도 안 넘어간다. 오로지 물만 넘어간다. 슬슬 뻗쳐오르던 열이 이제 가슴께까지 왔다. 내가 보기보다 '뇌(腦)형' 인간이다. 열이 머리 꼭대기까지만 안 올라오면 무지 순둥순둥한(?) 인간인데 만약 열이 머리 꼭대기로 올라오는 순간이 온다면, 눈에 아무것도 뵈지 않는 상태에서 코로 더운 김을 모락모락 내뿜으며 성난 황소처럼 대상을 향해 돌진하는 인간이다. 이것들이 아무래도 사람 잘못 봤다.

냉장고에서 2리터 생수병을 꺼냈다. 한 놈을 털어 넣고 물 한 컵을 빠른 속도로 벌컥벌컥 들이키기 시작했다. 됐다. 드디어 한 놈이 쓰나미 같은 물살에 휩쓸려 갈 곳으로 가버렸다. 다시 한 놈을 입 안 깊숙하게 집어넣고 물 한 컵을 들이켰다. 그놈의 운명도 앞의 놈과 다르지 않았다. 그러면 그렇지.

제깟 놈들이 백날 천 날 항거랍시고 해봐야 무릇 세를 이기지 못하는 법이다. 세상 이치를 깨닫지 못하고 철없이 날뛰는 놈들의 말로(末路)는 지들 운명이 덮쳐오는 걸 번히 눈 뜨고 보는 거 외에 없을 것이다.

다음 놈, 그리고 또 그다음 놈. 드디어 엄정한 절차를 거쳐 선발된 여섯 놈들이 싸그리 몽땅 깡그리 내 목구멍 안으로 사라졌다. 아마 그대로 식도를 따라 흘러내려 간 놈들은 지들 운명을 따라 그 어두컴컴하고 축축하고 눅진눅진한 지옥의 늪에 내동댕이쳐져서, 다시는 빛을 볼 수 없는 끈적거리는 무저갱의 어디쯤을 헤매게 될 것이다.

물론 이쪽의 희생도 만만치 않다. 놈들을 하나씩 끄집어내서 박살을 내는 동안 2리터 생수 반병이 사라졌다. 그러니까 앞서 12개 넣었다가 실패하고 다시 6개만 선발해서 털어 넣었다가 실패하는 바람에 희생한 물 세 컵까지 친다면 이 자리에서만 2리터 가까운 물을 족히 마셨을 것이다, 라는 깨달음이 오는 순간, 배가 터질 것만 같았다. 어쩌나 위가 부풀어 올랐는지 목구멍으로 폭포수처럼 쏟아부은 물이 그대로 도로 기어 나오려고 배 중간 부분에 닫힌 문을 두드리고 있

아마도 난 위로가 필요했나보다

는 느낌이었다. 신물이 넘어왔다. 힘을 주어 꿀꺽 삼켰다. 위가 찢어질 것만 같다. 곧바로 토할 거 같다. 더 이상은 무리다. 하지만 내 눈앞에는 아직도 6개의 알약이 형광등 불빛 아래 작은 별처럼 반짝거리면서 놓여 있었다. 저놈들마저 처치하려면, 최소한 다시 2리터 생수 반 통에 해당하는 물이 필요할 것이다. 게다가 남은 놈들은, 엄격한 선발을 거쳐 이미 내 뱃속으로 곤두박질쳐 우주에 한 점 흔적도 남기지 못하고 녹아버리는 제 운명을 기다리고 있는 놈들보다 훨씬 더 버거운 놈들이다. 그러니 어쩌면 2리터 생수가 두세 통이 필요할지도……

아무래도 말이다. 몸이 아파서 병으로 죽기 전에 배가 불러서 먼저 죽을 것 같다.

질투는 나의 힘

세상 부러울 게 없을 줄 알았다.

타고난 성정이 남들 하는 거 따라 하거나, 남들 가진 거 나도 가지고 싶다고 떼써본 적이 없는지라 그냥저냥 주어진 대로 살다 보면 부러운 거 없이 평안하고 고요하게 눈을 감을 거라 믿었다.

돈 많은 이가 부러운 적도 없었고, 지위가 높다고 우러러본 적도 없다. 명성을 가진 자라고 친해지고 싶다 맘먹은 적 역시 한 번도 없다. 누군가 공부 잘해 좋은 대학 갔다는 소리

아마도 난 위로가 필요했나보다

를 들으면 그렇구나 하면 끝이었고, 누가 너무나 예뻐서 주변 인기란 인기는 다 끌어모아 하늘의 빛을 가려버렸다 해도 진심으로 박수 쳐주면 그뿐이었다. 학벌도 외모도 인기도 봉땅 남의 나라, 남의 집안, 남의 사연일 뿐 내가 특별히 관심을 기울이거나 따로 쳐다봐야 할 이유란 도통 존재하지 않았다.

그런데…… 나이가 들어갈수록 별 쓸모없는 것들이 부러워지기 시작한다.

누군가 저음의 울림 좋은 목소리로 말하는 걸 보면 가슴 쿵쾅거리며 너무너무 부럽다. 특히나 그 목소리로 노래하는데, 그 소리가 아름답게 주변과 공명을 하면 팔에는 질투로 오소소 소름이 돋을 지경이다.

발음이 정확한 사람을 보면 닮고 싶어진다. 글자 마디 하나하나 정확하게 맺고 끊으면서 발음하고 있는 사람을 보고 있노라면 나도 모르게 따라서 입속으로 흉내 내고는 한다.

춤 잘 추는 사람을 만나면 뒤에서 몰래 사납게 욕하고 싶어진다. 저 사람 언제 어디서 뭐 했길래 저리 춤을 잘 추는 거냐고 공연히 흉보면서 궁시렁거리고 싶다.

부러워서, 정말 부러워서 언젠가 춤 한 번 배워보겠다고, 몸치로 타고난 운명 한 번 바꿔보겠다고 댄스 연수를 신청한 적이 있다. 딸랑 사흘 배우고 난 뒤, 함께 배우는 스물두 명의 수강생 중 강사는 나만 조용히 뒤로 불렀다. 아무래도 따로 연습을 해야만 할 것 같다며. 몸이 음악의 리듬을 전혀 타지 못한다고, 박자와 몸이 따로 놀면서 혼자만 무리에서 튀어나온다고 했다. 심지어 이제 막 강제로 징집되어 전쟁터에 끌려나가는 애송이 병사처럼 정수리부터 발뒤꿈치까지 결연함으로 똘똘 뭉쳐 있더라는 강사의 마지막 말을 끝으로, 그날로 춤 연수를 때려치웠다.

집에 와 깍두기 국물에 막걸리 홀짝거리면서, 애꿎은 옆지기에게 강사가 나쁜 년이라고, 가르치는 사람이 그리 모질어서야 어디 배우는 사람이 기라도 펴겠느냐고, 그딴 식으로 가르칠 거면 지나 강사 노릇 그만두라고, 엉뚱하게도 사근사근 잘 웃고 자분자분 설명 잘하던 예쁜 강사만 우리 집 식탁 위에서 잘근잘근 씹혔다.

아마도 난 위로가 필요했나보다

글을 잘 쓰는 사람을 보면 명치 아래께가 뻐근해진다. 불덩어리 하나가 뱃속 저 깊은 곳에서부터 뱅글뱅글 돌면서 기어오른다. 처음에는 작은 불덩이였다가 용용 죽겠지? 약 올라 죽겠지? 나 잡아봐라, 하면서 불에 달궈진 돌멩이가 되어 빙글빙글 목울대를 치고 올라온다. 그이가 쓰는 글을 몽땅 가져다가 아궁이에 넣고 활활 태우고 싶어진다. 활활 타오른 단어를, 문장을, 글의 맥락과 표현들을 내 몸 깊숙이 침잠시켰다가 다시 내 손끝으로 끌어올려 한 마리 새로 빚어 종국에는 하늘로 날아오르게 하고 싶다, 는 질투가 몸을 부르르 떨면서 진저리를 치게 만든다.

아아, 기실 알고 보면 나의 삶은 미친 듯이 '욕망'을 찾아 헤매었던 거로구나. 더하여 여전히 미망(迷妄)에 빠져 질투를 두 손에 잡고 있으니.

내 머릿속의 지우개

건망증이 심한 편이고 사람 얼굴을 잘 기억 못 하는 증상 (안면인식 장애)이 있을 수도 있다는 걸 의심하고는 있었으나 어제 사건으로 비로소 심각한 문제임을 인식하게 되었다.

사실 예전에도 한심하다 싶은 그런 일은 많았다. 언젠가 시내 나갔다가 길에서 매우 낯익은 얼굴을 발견하고 반갑게 인사를 했다. 그분 역시 아주 반갑게 내 인사를 받아주었다. 그런데 막상 인사를 하고 돌아서면서 누군지 잘 모르겠다는 생각이 들었다. 돌아오는 길에 아무리 머리를 쥐어짜 봐도 누군지 기억이 나지 않아서 곤혹스러웠는데 집에 돌아와 현관

문을 여는 순간 벼락같은 깨달음이 내 전두엽에 들어와 박히는 것이다. 그분은 그러니까 드라마에 단역으로 자주 나오던 탤런트였다. 바로 전원일기에도 나왔던 분이었다. 기억을 하자마자 느무 느무 부끄러워서 다시는 밖에 나가고 싶지 않았다. 아, 너무 슬픈 이야기니까 여기까지만.

모임 자리나 기타 등등의 자리에서 인사를 나눈 사람들 중 3/4 이상을 아예 기억을 못 한다. 이런 경험이 여러 번 이어지면서 혹시 내가 안면인식 장애가 있는 게 아닐까 심각하게 고민한 적도 있으나, 늘 그렇듯 단순무지하고 순진무지한 인간인지라 또 금방 잊어버리고 잘 살아왔다. 생긴 게 '도시 여자'스럽고, 다소 깍쟁이같이 보이고, (내 첫인상이 불깍쟁이 같다고 한 사람도 있다) 거기에 더해 새침해 보이는 구석이 있어서 누군가는 쌀쌀맞게 보거나 누군가로부터는 사람 차별하는 게 아니냐는 뒷말을 들을 수도 있을 거 같다. 하지만 타고난 성정이란 어쩔 수 없는지라 여전히 길 가면서 대부분의 사람들을 알아보지 못하고 해맑은 표정으로 칠렐레 팔렐레 돌아다닌다. 만약 길거리에서 지인들이 나를 알아봐서 인사를 했는데 아예 사람 자체를 못 알아보고 눈누난나 신난다고 팔 휘저으며 갈 길 가는 인간 있으면 그건 십중팔구 나라고 보면 된다.

며칠 전에 겪었다는 사건은 이렇다. 서울시교육청 산하 교육연구정보원에 속한 '대학진학지도지원단'에서 중요한 공식 행사가 있었다. 워낙 대규모로 모이는 행사라 분과별로 자리가 따로 마련되어 있는 자리였다. 그런데 막상 행사 장소에 도착하고 나서 자리를 찾아가려는데 내가 1번 분과인지 2번 분과인지가 기억이 안 나는 거다. 그래서 주욱 둘러봤다. 아는 얼굴 있나 싶어서, 아는 얼굴 있으면 마치 하나도 헷갈리지 않은 사람처럼 바로 달려가 시침 뚝 떼고 자리에 앉으면 되겠다는 잔꾀였다.

아, 그러나 한 가지 간과한 게 있으니 바로 사람 얼굴 기억 못 하는 나의 문제였다. 지난번 행사에서 한번 뵙기는 했으나 당췌 누가 나와 같은 분과 샘인지 기억도 안 나고 심지어 그 자리에 모인 사람들이 몽땅 깡그리 다 비슷한 사람으로 보였다. 그래도 어쩐지 가장 낯익어 보이고 익숙하다 싶은 분들이 보이길래 가서 무턱대고 앉았다. 앉고 보니 1번 분과 자리였다.

음, 내가 1번 분과였군, 속으로 안도의 한숨을 내쉬면서 테이블 위를 보니 간식도 없이 썰렁하게들 앉아 계셨다. 문득 간식이 출입구 쪽 테이블 위에 배치되어 있었다는 게 기억

아마도 난 위로가 필요했나보다

났다. 예전이나 지금이나 단순무지하고 순진무지한 나는, 평소 생각이라는 걸 장착하고 다니지 않는 데다, 특히나 생각하기 전에 몸부터 움직이는 나는, 씩씩하고 깨발랄하고 뇌 맑은 평소 모습 그대로 출입구 쪽으로 달려가 간식을 상자째 들고 왔다. 심지어 사탕 같은 건 왕창 집어 왔다. 또 항상 공치사 늘어놓기 좋아하고, 사람들 눈치 살피기 전에 말부터 내뱉는 경향이 있는, 경솔한데다 눈치 없고 머릿속 생각을 거르기 전에 입으로 옮겨놓는 성향의 나는, 간식을 테이블 위에 내려놓으면서 아주 아주 해맑게 "제가 같은 분과 샘들 드시라고 간식 왕창 가져왔어요. 드세요오~~"하며 어울리지도 않는 귀욤뿜뿜 내뿜으며 말했다. 그랬더니 1번 분과 샘 중 한 분이 조용히 말씀하신다.

　－ 저기…… 2번 분과 샘 아니세요? 지난번에도 뵈었는데, 그때
　　2번 분과라고 인사하셔서 기억해요.

순간 허걱 놀라서 뒤에 있는 2번 분과 테이블을 돌아보니, 2번 분과 샘들 완전 빵 터져서 데굴데굴 구르는 중이었……. 진심 왜 사나 싶었고, 인간이란 무엇으로 사는가에 대한 심각하고도 진지하고, 심오하면서도 깊이 있는 질문을 내 뱃속 깊

숙한 곳에서부터 끌어올리게 되었다. 세 시간에 걸쳐 이루어진 행사 시간 동안 얼굴을 들 수가 없었다.

더 심각한 문제도 있다. 한바탕 갈등을 겪은 적이 있거나 혹은 불편한 걸로 얽혀서 관계가 안 좋아진 사람조차 시간이 지나면 아예 기억을 못 한다는 거다. 그러다 보니 이전에 아무리 사이 안 좋게 헤어진 사람이라도 오랜만에 만나게 되는 경우 해맑고 밝은 표정으로 인사를 한다. 기억을 잘 못 하기 때문에 발생하는 안타까운 일이다. 심지어 눈치조차 없어서 상대가 얼굴 찡그리고 입가를 씰룩거리며 노려봐도 알아채지 못하고 '조만간 밥이나 먹자' 라든가, '차 한잔하자' 며 마구 푼수를 떨어 댄다. 막상 집에 돌아와 잠자리에 들어서야 진실의 전말이 생각날 때가 많다. 그리하여 그제야 이불 차고, 몸부림치며 벽에 머리를 박으며 자신을 저주하다 잠이 드는 경우가 종종 왕왕 때때로 자주 있다.

그러나 뭐 위에 적은 정도라면, 나 말고도 적지 않은 사람들이 그렇지 않을까 어거지로라도 합리화하며 살면 된다. 그 정도의 뻔뻔함은 있다. 그러나 어제 사건은 나로 하여금 그 어떤 변명도 합리화도 할 수 없게 만들었으니 전후 사정을 이

아마도 난 위로가 필요했나보다

야기하자면 이렇다.

어제 진학 관련 행사의 진행 요원으로 열씨미 일하고 있는데, 어디서 많이 뵌 듯한 아저씨 한 분이 고생이 많다며 악수를 청해 오셨다. 낯이 익은 얼굴이길래 반갑게 인사를 하며, 나의 평소 성격답게 여긴 어쩐 일이시냐고, 그동안 잘 지내셨느냐고, 사근사근 안부를 물었다.

그분이 웃으면서 그렇다고 고개를 끄덕이시더니, 바로 그다음 진행 요원 샘께 가서 악수를 청했다. 그러거나 말거나 워낙 많은 인파를 상대해야 하는 일을 하고 있던 지라 바로 신경 끄고 다시 내 일이나 열씨미 하고 있는데 갑자기 어떤 깨달음이 불현듯 뒤통수를 후려갈기며 덮쳐 와서 목덜미를 스치고 내려가 등골 마디마디를 서늘하게 주우욱 훑어 내려가다 대퇴부를 거쳐 빠져나가는 것이다.

○○○ 교육감님이셨다.

내가 기사나 방송에서만 그분을 뵌 거라면 이해할 수 있다. 교육감이 주관하는, 6명만 자리하는 좌담까지 참석해서 무려 세 시간 가까이 토론을 열띠게 한 적도 있으면서 누군지 못 알아본 거다. 진심 쥐구멍 찾고 싶어졌다. 이쯤 되면 사회 생활 접어야 하는 거 아닌가 싶다.

당췌 나라는 인간은 왜 사는 걸까.

아마도 난 위로가 필요했나보다

해피 버스데이 투 미

내 인생에서 3~4년 정도는 줄잡아 일 년에 6~7번의 생일 상을 차렸던 것 같다. 시집 어른들, 친정아버지와 엄마, 옆지 기, 갓 결혼한 시누와 시누 남편, 아이들 생일상까지 해서 말 이다.

결혼하지 않은 시누를 3년 정도 데리고 살았고, 시누 결혼 할 때 혼수 구입하는 것부터 함 들어오는 것까지 대구에 계시 던 시부모를 대신해서 내가 챙겨야 했는데, 막상 시누가 결혼 하고 나서도 한 3년 정도는 생일상을 친정에서 차려주는 거 라는 풍습(?)에 따라 우리 집에서 내 손으로 매해 시누와 시누 남편, 두 사람의 생일상을 모두 차려준 것 같다.

아이들은 우리 나이로 열 살이 될 때까지 반드시 수수팥떡까지 주문해서 생일상 위에 올려놓았다. 예전부터 아이의 건강과 무탈함을 기원하는 의미에서 열 살이 될 때까지는 생일에 붉은 수수로 떡을 한다는 풍습을 지켜 그리했다. 그래서 비록 어른들 상보다 약식이기는 했지만 미역국에 잡채, 불고기, 수수팥떡을 상 위에 올렸다.

시집간 시누와 시누 남편의 생일상을 더 이상 차리지 않게 된 후에도 한 해에 5~6번 정도의 생일상을 차려낸 것 같다. 시부모님과 우리 아이들 둘. 그리고 옆지기, 때때로 친정 부모님과 친정 할머니 생일상에 오를 음식의 일부. 그러다가 7년 전 친정 할머니와 친정아버지가 일주일 상관으로 돌아가시고 나자, 생일상 차림이나 음식은 대폭 줄었다. 시간이 흘러 아이들도 다 크고 나자 친구들과 생일 파티를 한다면서 집에서 차리는 생일상을 거부(?)하는 사태가 왔고, 때문에 그저 미역국 정도만 끓이고 넘어가는 상황이 되었다. 게다가 이제는 친정엄마는 오남매가 돌아가면서, 시집 부모님은 멀리 산다는 핑계로 띄엄띄엄 차린다. 그러다 보니 시부모님 두 분과 옆지기의 생일상 정도만 차리는 참 간촐하고 단순한 삶이 시작되었다.

아마도 2년 전 내 생일이었던 걸로 기억한다. 토요일이었다. 아들은 기숙사에서 나오지 못한다고 연락이 왔고, 옆지기는 당직이었고, 딸냄은 토요일 자율학습으로 새벽부터 집을 나간 걸로 기억한다. 나 혼자 거실에 누워 있었다. 거실 창으로 햇빛이 쏟아져 들어오는 한가로운 주말, 꽃샘추위가 이제는 삐진 걸 풀겠다는 듯 실실 웃으며 부드러운 한숨을 몰아쉬는 고즈넉한 봄날의 오전.

배가 고팠다. 해가 점점 더 솟아올라 거실 창으로 스며드는 빛이 집 구석구석을 어루만질수록 배에서는 꼬르륵 소리가 커지고 있었다. 일어나서 무언가 먹긴 먹어야 하는데 집에는 먹을 게 별로 없었다. 게다가 평소에도 먹는 걸 그리 즐기지 않는 인간이 막상 저 하나 먹겠다고 식탁을 차려야 한다는 건 죽기보다 싫었다. 일어나서 먹어야 할 텐데 하는 생각이 들수록 더더욱 일어나기 귀찮았고, 그래서 그냥 누운 채로 창밖의 하늘만 멍하니 바라보며 시간만 흘려보내고 있었다.

갑자기 나도 모르게 눈물이 뺨을 타고 흘러내리면서 거실 바닥으로 후두둑 떨어졌다. 어 어 어~ 하는 소리가 입에서 채 나가기도 전에, 인지할 사이도 없이 줄줄 흘러내린 눈물이 방울방울 굴러떨어졌다. 거실 바닥은 눈물방울 때문에 생긴 얼룩인지 눈가에 고인 눈물 때문인지 더 어롱어롱 거렸다. 쉴 새 없이 흘러내리는 눈물이 낯설고 이해 불가여서 팔뚝에는 오소소 소름마저 돋았다. 이건 뭐지?

그 순간 뇌 회로에 금이 가듯 스치는 생각이 있었다. 결혼하고 나서 내 손으로 일 년간 차려냈던 생일상. 대충 어림짐작으로만 따져 봐도 지금껏 100번도 더 되는 상차림이었을 거고, 과장 좀 보태면 200번에 가까울지도 몰랐다. 그런데 정작 내 생일에는 미역국 한 그릇 끓여주는 사람이 없었다. 배가 고픈데, 배가 고파서 미치겠는데, 기운은 없고 일어나는 것조차 버거운데 막상 집에는 밥도 없고 국도 없고 먹을 거라고는 아무것도 없었다.

지난겨울, 구덩이에 집어넣고 뚜껑 위를 흙으로 덮은 뒤 발로 꾹꾹 밟아서 다지고 다진 다음 묻어버렸던 군내 나는 김칫독처럼, 대수롭지 않다 별거 아니다 하면서 아예 잊다시피

아마도 난 위로가 필요했나보다

살고 있다고 믿었던 목 깊은 서러움이 슬몃슬몃 고개를 들고 기어 나와 말간 눈으로 나를 빤히 쳐다보고 있는 거다.

거기까지 생각이 미치자 그만 울음이 목울대를 치고 올라와 버렸다. 엉엉 울었다. 바깥은 햇살이 하얗게 부서지는데, 바람은 산들산들 창가의 나뭇가지를 쓰다듬는 봄인데, 생일날 불도 안 켜진 거실에서 중년의 여인이 배고프다고 목을 놓아 울고 있는 기이하고도 괴이한 광경을 상상해보라.

남들은 좀 이해하기 어려울지 모르지만, 이상한 확신을 가지고 살았다. 삶이라고 하는 게 때로 속이고 괴롭히고 비웃으며 약 올릴지는 몰라도, 전 생애를 통틀어 탈탈 털어보면 더할 것도 뺄 것도 없으며, 짊어질 빚도 없고, 받아 내야 할 채권도 없다고 믿었다. 혹여 자기 합리화이거나 근거 없는 믿음일지 모르지만 온 생애에 걸쳐 온 힘을 다해 그렇게 굳게 믿고 살았다, 고 생각한다. 어느 토요일 오전을 지나 오후로 넘어가는 시간에 목을 놓아 울던 중년의 여인은 몇 년이 지난 오늘, 드디어 맞이한 생일에, 참으로 많은 것을 받는 사람이 되었다. 마치 이전에 받지 못하고 쟁여두었던 그 무엇을 수금해(?) 오는 사람처럼 말이다.

맞다, 오늘이 내 생일이다. 생일날 비록 '2021−2022 대입의 변화 양상과 특징'이라는 제목의 대입설명회를 저녁에 치르느라고 밤 10시까지 야근을 하고 11시에 들어왔지만, 이 밤이 다 가기 전에 그걸 밝히겠다고 이리도 긴 사설을 늘어놓고 있는 것이다. 아직 12시가 지나지 않았고, 여전히 내 생일날이기 때문이다.

딸냄이 직접 미역국을 끓이고 돼지갈비를 재워서 구운 걸로 생일상을 차려주었으며, 자기 용돈을 모아 내 생전 구경도 못 해본 '에스테로더 갈색병'을 선물로 주었고, 아들은 용돈을 모아 꽃을 사 들고 왔다. 그 외에도 내 오랜 친구들이 어마무시하게 많은 선물들을 보내주었다. 그것을 기록(이라고 쓰고 '자랑'이라고 읽는다.)하고 싶어서 이렇게 잠 안 자고 긴 글을 쓴다. 자정을 넘기기 전, 날이 밝으면 다시 '재투성이 아가씨'로 돌아가 일상 속에 먼지를 뒤집어쓰며 곤궁할지라도 오랜 세월 견디며 걸어온 나에게, 다시 걸어가야 할 나에게, 이 밤, 나는 나에게 이렇게 말한다.

해피 버스데이 투 미~~~

아마도 난 위로가 필요했나보다

삶은 그저 견디는 것

어제는 파주 출판단지에서 이루어지는 연수 세 번째 날이었다. 소설 합평 시간, 드디어 내 글이 도마 위에 올라가 난도질당할 차례라 그 시간만 결석을 할까 잠시 고민했으나, 내가 누구냐. 얼굴 두껍고 무지 뻔뻔하며 남이 뭐라 하든 '날더러 뭘 어쩌라구' 식으로 배짱 튕기는 인간 유형과는 지구와 안드로메다 사이 거리만큼이나 멀고 먼지라, 내 글에 대해 면소리를 들을까 달달 떨면서 수업 장소로 갔다.

그런데 사람들은 막상 내 글을 읽고 나서 글을 비평하기보다는 '작품 속 남자는 실제로 있었느냐', '정말로 젊은 시절 그리 가난했느냐', '살던 지역이 어디냐', '어디 초등학교 출신이냐'를 물었다. 음…… 순간 시쳇말로 말잇못(말을 잇지 못한다는 의미).

평소에도 글이든 말이든 솔직한 편이라 역시 솔직하게 답했다.

- 가난에 대한 기억은 사실이구요, 남자는 가짜에요.
- 버스 안에서 손가락 마디 마디가 망치로 두드리는 것처럼 아프다고 느끼며 유리창에 머리 박으면서 끄윽 끄윽 울었던 건 제 경험인데요, 남자랑 헤어져서 운 게 아니라, 그러니까 그렇게 아름다운 사연으로 울었던 게 아니라 사실은 '배가 고파서' 울었어요. 배고픈데 참아야 하는 게 서러워서요.
- 그렇다고 집에 쌀이 떨어지거나 뭐 그런 극빈은 아니었구요, 단지 아르바이트를 쉴 새 없이 해야 하는데, 저녁 사 먹을 돈은 대부분 없는 생활이라 밤늦게 집에 가는 버스 안에서 항상 배가 고팠어요. 집에 가 봐야 대가족, 제가 먹을 무언가가 그때까지 남아 있는 경우가 없는지라.
- 그리고 글 속에 등장하는 것처럼 멋진 남자가 저를 좋아해 준 경험이 없어요. 제게 프러포즈한 유일한 남자는 옆지기 뿐이

아마도 난 위로가 필요했나보다

거든요.

아, 사람들 표정이 별로였다. 무언가 멋지고 아름답고 달 달하면서도 가슴 시린 사랑을 기대하셨나 본데, 그랬으면 오늘날의 내가 이리 별 볼 일 없을 리가요.

아마도 내 글 속에 줄기차게 드러나는 게 있다면, '살아간 다는 것은 그저 견디는 것'이라는 생각일 것이다. 길지도 않지만 결코 짧지도 않은 생을 뒤돌아보면, 무언가를 이루겠다는 욕심으로 살아온 시간이 아니다. 그저 그 순간을 견디겠다고, 그걸 넘어가야 다음으로 이어지니 눈에 뵈는 거 없이 다른 생각 못 하고 달려온 시간들이다.

대학 때 왜 그렇게 아르바이트를 하고 다녔느냐 물으면 할 말이 없다. 안 하면 밥을 굶어야 하고, 등록금을 낼 수가 없고, 대학을 그만두어야 하는데, 대학을 그만둔다고 당장 뾰족한 수가 생길 리 없으니 기를 쓰고 등록금을 벌 수밖에. 지금처럼 등록금 대출이나 학비 지원이 흔하던 시절이 아니었다.

회사 다니면서 왜 그리 징하게 야근과 철야를 밥 먹듯이 했느냐 물으면 역시 할 말이 없다. 밥을 먹고 살아야 했으니 주어진 일을 기를 쓰고 했을 뿐이다. 월급을 받아야 입에 풀칠할 것 아닌가. 거의 매일 10시까지 야근을 했고, 마감이 코앞으로 닥치면 몇 날 며칠 혹은 한 달 가까이 철야를 해야 했다. 가끔 새벽에 화장실 가서 양치하고 세수하고 머리 질끈 묶다 보면 거울에 비친 퀭한 내 모습과 마주하고는 했다. 그럴 때면 한참을 바라보다 다크써클이 목까지 내려올 기세로 허청허청하게 서 있는 젊은 여자한테 물어봤다.

– 너 이 시간에 여기 왜 있는 거니? 집이 어딘지 기억은 나니?

회사 다니면서도 주말이면 학원에서 강사로 일을 했다. 그러니까 그 당시 내 일주일은 월화수목금금금. 왜 그런 시간표를 가지고 살았느냐 물으면 뭐라고 대답해야 할지 모르겠다. 혹시라도 목표한 대로 돈을 모으면 하고 싶었던 공부를 시작하고 싶다는 바람 때문이었지만, 결국 그런 '알흠다운' 일은 일어나지 않았다. 대신 그렇게 악착을 떨며 모아들인 돈은 이후에 남들보다 이른 결혼의 밑천이 되어 주기는 했다. 횡성이라는 촌에 방 한 칸 마련할 자금 정도는 되었으니 말이다. (당시 천 오백만 원의 방 한 칸짜리 아파트로 들어갈 수 있었다.)

아마도 난 위로가 필요했나보다

세월이 더 흘러 임용고사 합격 후 학교에 근무할 때도 야근은 일상이 되어 버렸다. 고3 담임을 주구장창하게 되면서 그랬다고 변명은 하지만, 도저히 이해를 못 하는 누군가는 내게 물었다. 뭐 하느라 야근까지 하면서 일했느냐고. 나이 젊을 때는 승진을 바라보고 있다는 오해도 받았고, 진정한 '참교사' 소리 듣기를 꿈꾸느냐는 빈정거림도 받아봤다. 그도 아니면 일 중독 아니냐는 소리도 들었다.

모두 다 아니었다. 그냥, 말 그대로 '그냥'이었다. 일과 중에는 수업을 해야 했고, 반 아이들이 찾아와서 요구하는 것들에 대응해야 했다. 언제나 급하게 상담이 필요한 아이들이 있었으며, 조금이라도 비는 시간엔 급하게 처리해야만 하는 공문들을 붙잡고 있는 경우가 많았다. 그러다 보면 정작 맡겨진 행정 업무와 관련된 것들은 아이들 모두 돌아간 저녁 시간에야 정신 좀 차리고 살펴볼 수밖에 없었다. 거기에 학교 폭력 사건이라도 한 번 터지면 그때는 밤낮이 따로 없고 심지어 주말에도 쉬는 게 쉬는 게 아닌 상황이 되었다.

고등학교 발령 나고서는 바로 다음 해부터 고3 담임으로 십 수년간을 지내왔으니 수시 원서 접수 기간, 면접 대비 기간, 자소서 준비 기간 등등 하여 뭐라 더 할 말이 없다. 더하여 주말에는 살림을 몰아서 해야 했고 그러는 틈틈이 일주일 치 수업 준비를 위해 영상 자료 만들고 진도와 관련된 자료 수집 하고 하는 게 내가 교사로서 할 수 있는 최선이었다.

　그렇다. 결론을 내리자면 나는 무능했던 셈이다. 남들은 내가 하는 거 다 하고도 승진도 하고 장학사 시험도 보고 여러 외부 활동도 무리 없이 해내던데, 나는 고작 직장 다니고 애들 기르고 살림만 하면서도 그거 힘들다고 여적 징징거리고 있다. 아무렇든지 간에 돌이켜 생각해보면 결국 내 삶의 오랜 여정은 내 무능에 기인해 '버티고' '견뎌 온' 삶이다.

　이렇다 할 지위를 얻은 것도 아니고, 그렇다고 남들처럼 돈을 좀 벌어서 서울 땅에 내 집 한 칸 마련한 것도 아니며, 뜨르르한 명성을 얻은 것도 아니다. 그런 것들까지 추구하기에 내 능력은 택도 없이 부족했으니, 이제 평범하게 나이 먹어 언제쯤 퇴직을 고려해야 하나, 양쪽 부모님 모시고 말년에 먹고살 수는 있을까를 고민하는 장삼이사(張三李四) 중 하나가 되어 있다.

아마도 난 위로가 필요했나보다

하지만 남들이라고 특별히 다를까 싶다. 내 주위에는 능력 출중하여 보란 듯이 높은 직위에 올라간 사람도 있고, 훨씬 더 오래전에 떡하니 집 한 채 마련하고도 돈이 모여 한 채 더 사서 자식한테 물려준다는 사람도 봤고, 몇 년 전 장학사 시험에 합격하여 일하고 있는 친구도 여럿 있으며, 책을 열 권도 넘게 출간해서 자기 팬들 많다고 가끔 전화해서 만나자 그런다며 자랑하는 분도 봤지만, 그렇지만 말이다. 나랑 비슷한 사람들이 훨씬 더 많다. 열심히, 미친 듯이, 허리띠 졸라매고 악착같이 살았으나 이것도 저것도 아니고 그저 먹고살 정도의 생활을 겨우겨우 눈물겹게 유지하고 있는 분들 말이다. 그리고 조금 더 고개 돌려 보면, 열심히 치열하게 살았음에도 불구하고 사는 게 너무나 팍팍해서 한숨짓는 분들은 어쩌면 이보다 훨씬 더 많을 것이다.

그러니 오늘도 여전히 '삶'이라고 하는 건 무언가를 야심차게 추구하는 것이 아니라 그저 '버티고 견디는 것'이라는 생각을 다시 한번 하게 되는 것이다. 그리하여 이제까지 '버티고 견디게'라도 도와준 내 운(運)과 복(福)에 대해 깊이 감사하게 되는 것이며, 그리하여 '삶이란 그저 견디는 일'임을 내가 쓰는 모든 글 구석구석에 깊숙이 벼리어 박아 넣고 있는 것이다.

선착순

예전 학창 시절 체육 시간에 '선착순'이라는 게 있었다.

먼저 전체 아이들 모두 달리라고 시키고 목표 지점에 일정 등수로 들어온 아이들만 나무 그늘에 가서 쉬게 한다. 당연히 그 안에 못 든 나머지 아이들은 다시 달리게 한다. 그 아이들이 목표 지점으로 달려 들어오면 역시 일정 등수 이하로 들어온 아이들은 시원한 나무 그늘을 뒤로 하고 다시 달리게 만든다. 그리고 또다시 목표 지점에 들어온 아이들 중 일정 등수 밖의 아이들을 달리게 만들고…….

아마도 난 위로가 필요했나보다

이렇게 무한 루프처럼 일정 등수 이하인 아이들을 달리게 만들면, 꼭 마지막까지 등수 안에 못 들어서 헐떡거리며 계속 달리고, 그렇게 달리다 지쳐 쓰러지는 아이가 있는데, 그게 나였다.

어린 시절, 이 '선착순'이라는 걸 정말 싫어했는데, 나라는 인간이 달리기를 무진장 못했기 때문만은 아니었다. 달리기를 못한 것도 명백한 사실이었지만, 무엇보다 심장 터질 것 같은 경쟁을 무한 반복해야 하는 상황이 징그러웠기 때문이다.

처음 달릴 때는 그래도 중간 정도 등수 안에는 들어가지만, 그 정도로는 늘 어림도 없었다. 두 번째는 이번만큼은 등수 안에 들어서 나무 그늘에서 시원하게 쉬고 있는 저 그룹에 반드시 끼어있겠다고 이 악물고 뛰지만, 언제나 내 앞에서 선이 그어지고는 했다. 세 번째 뛸 때까지는 그래도 아등바등 최선을 다한다. 하지만 이내 알게 된다. 어쩌면 난 저기 저 나무 그늘에서 잡담을 하며 땀을 씻어내고 있는, 시원하고 정결해서 행복 이전에 아늑한 느낌으로 쉬고 있는 친구들 사이에는 영영 들어갈 수 없을지 모른다는 걸. 왜 그런지는 모르겠지만 대부분 불길한 예감은 얼마 지나지 않아 사실로 귀결되는 경우가 많았다.

결국 될 대로 되라고, 이젠 나도 모르겠다고, 팔다리 휘적 거리며 끝까지 남아서 뛰다 보면, 운동장의 먼지와 작렬하는 태양과 사정없이 눈을 찌르며 흘러드는 땀방울에 비참해진 다. 그러다 보면 어느새 얼굴은 온통 눈물인지 콧물인지 모를 액체로 뒤범벅된 채 운동장을 달리고 있는 마지막 한 명이 되 고는 했다.

요즘도 가끔 꿈꿀 때가 있다. 다른 애들은 모두 시원한 나 무 그늘 아래 들어가 하하 호호 웃고 떠드는데 나 혼자 넓고 넓은 운동장에서 뛰고 있는 꿈을 말이다. 하얗게 부서지는 햇 살 아래 끝도 없이 이어지는 뜀박질.

그런데, 그런데 말이다. 문득 그 '선착순'을 꿈이 아니라 현실에서 뛰고 있다는 생각이 들 때가 있다. 끝을 알 수 없는 뜀박질을, 심장 터질 것 같은 두려움으로, 뛰고 싶지 않은데 팔다리 휘적거려가며 헐떡헐떡, 넓고 정적만이 가득 찬 운동 장에서, 혹시 지금 나만 계속 뛰고 있는 게 아닌가 하는, 이 비 현실적인 느낌은, 그냥 느낌인 거겠지?

아마도 난 위로가 필요했나보다

늙음을 위하여

어린 시절 비가 오는 날이면 엄마가 하던 말이 있다.

- 봄에는 비가 한 번씩 올 때마다 따뜻해지고, 가을에는 비가
  한 번씩 올 때마다 추워진단다.

눈을 가늘게 뜨고 빗방울이 가늘게 그어지는 한옥의 유리
창을 바라보며 그렇게 말씀하실 때면 마치 남들은 모르는 어
떤 비밀을 엿듣고 있는 것 같아 살짝 오한이 일고는 했다.

사실 지난 주말 내내 아팠다. 열이 오르고, 목이 따끔거리

고, 온몸에 오한이 들어 견딜 수 없었다. 그래서 촛불이 들불처럼 타오른다는, 매주 빼놓지 않고 나가던 광장에도 못 가고 지인들이 전송해주는 소식만 들으며 속이 좀 탔다. 축 늘어진 몸을 일으켜 세우기도 힘들어 누워만 있다가, 어쩐지 내 신세가 처량해져서 눈물도 좀 났다.

　문제는 월요일부터 시작되었다. 앉았다가 일어서려다가, 혹은 누워있다 옆으로 돌아누우려다가, 아니면 일어나려고 몸을 세우다가 갑자기 온 세상이 핑그르르 도는 바람에 그대로 쓰러지면서 하마터면 침대 모서리나 의자 팔걸이에 머리를 찧을 뻔했다. 누워 있는데도 세상이 핑글핑글 돌아서 구역질마저 치밀었다. 뇌에 무슨 문제가 생겼나 싶었고 한 번도 경험해보지 못한 증상에 겁이 났지만, 지난 일주일 동안 병원에 갈 시간조차 나질 않았다. 사실은 게으른 성격 탓에 '가야지, 가야지' 하면서 주어진 일들부터 꾸역꾸역하다 보니 어영부영 미루게 되었는지도 모른다.

　일주일 동안 귀에서부터 징 소리가 시작되면서 두개골 전체를 울려대는 통에 머리를 감싸 안고 출근했고 다람쥐 통을 타는 것처럼 주변이 빙글거리는 바람에 구역질을 참아가며

아마도 난 위로가 필요했나보다

살림을 했다. 칠판에 글씨를 쓰다가 교실이 한 바퀴 빙글 도는 바람에 잠시 주저앉은 적도 있고, 운전을 하다가 치밀어 오르는 구역질을 참느라 잠시 길 가장자리에 머문 적도 있었다. 수업 들어가려고 의자에서 일어서다가 돌연 땅바닥이 회오리처럼 빙글빙글 돌아가며 일어서는 걸 지켜보기도 했다. 집에 오자마자 쓰러져 한참을 쉬어도 어지럽고 구역질이 나는 증상은 멈추지 않았다.

결국 벼르고 벼르다 토요일인 오늘 병원에 갔다. 마르고 예민한 인상의 의사가 이것저것 20분도 넘게 검사하더니 침대에 누우라고 했다. 소리도 없이 다가온 의사는 내 머리를 90도 돌아갈 정도로 옆으로 돌렸다가 그 돌아간 머리를 두 손으로 단단하게 움켜쥐더니 갑자기 반대쪽으로 휙, 하고 꺾었다. 순간 나도 모르게 으허헉, 소리를 내며 온몸을 비틀었다. 땅이 꿈틀거리며 올라오고 천장이 소용돌이를 그리며 수직으로 떨어져 내리는 것 같은 심한 어지럼증이 일었다. 구역질은 목구멍까지 차올랐다. 그러거나 말거나 다시 진찰대로 돌아간 의사는 여전히 무미건조한 목소리로 말했다.

– 요즘 스트레스 많이 받아요? 이석증입니다. 귀에서 돌(이석)

이 떨어져 나와 신경을 과도하게 자극하기 때문에 자신을 둘
러싼 주변 세상이 돌아가는 듯한 증상을 일으키지요.

– 이유가 뭔가요? 뇌에 이상이 있는 건가요?

– 아니요, 뇌하고는 상관없어요. 이석증이 발생하는 이유는 아
직까지 명확하지 않아요.

의사가 다시 내가 누운 침대 머리맡으로 왔다. 손으로 귀
뒷부분을 세게 여러 번 두들기면서 물리치료를 한다. 세게 두
들기고 있지만 어쩐지 이번에는 손길이 부드럽게 느껴진다.
다시 진찰대로 간 의사는 마지막으로 당부한다.

– 심하게 움직이지 말고, 운동하지 말고, 무리하지 말고, 스트
레스받지 마세요. 이석증은 면역력이 떨어지거나 스트레스
로 체력이 저하된 경우 생길 수 있는데 습관성이 될 수도 있
어요.

처방전을 챙겨 병원을 나서면서 그래도 심각한 병은 아니
라서 다행이라고 생각했다.

생각해보니 재작년 이맘때는 대상포진에 걸렸었다. 작년

아마도 난 위로가 필요했나보다

이맘때는 심한 독감에 걸려 고생했고, 8년 전에는 신우신염으로 일주일 이상 입원까지 했었다. 해마다 그리 심각하지는 않지만 꽤(?) 소소한 병들을 골고루 투어(tour)하는 느낌이 든다. 그런데 슬프게도 그 주기가 점점 더 짧아지는 느낌이다.

어린 시절에는 한 번씩 심하게 앓고 나면 한동안 내가 성숙해진 것 같은 차분한 느낌을 받고는 했다. 알 수 없게 가라앉으면서 저 바닥을 향해 천천히 침잠하는 느낌, 무언가 처연해지는 심정, 조금은 다르게 다가오는 주변의 물상(物像)들. 아프고 난 뒤 내 몸과 정신에 아로새겨지는 그 느낌들이 싫지는 않았다. 한참 아이들을 기르느라 정신없던 시절, 애들이 한 번씩 심하게 앓고 나면 부쩍 자란 것 같았다. 떼를 쓰고 징징거리며 울던 아이의 눈동자에 앓고 난 뒤 고이는 무구한 성숙의 그림자는 가끔 나를 놀라게 했다. 한 뼘 자랐구나, 며칠 전의 그 아이가 맞나.

그런데 나이를 먹고 난 어느 순간부터는 한번씩 심하게 앓고 나서 거울을 보면 부쩍 나이든 한 여자를 발견하고는 한다. 눈가에 굵게 가로 새겨진 주름, 조금씩 뿌리를 밀고 기어올라오는 흰머리, 지친 듯 늘어지고 있는 볼살, 깊게 패는 입가의 곡선. 조금은 낯설고 많이 초라해 보이는 어떤 여자와 거울을 사이에 두고 마주서면 늘 가슴이 시렸다. 저 여자는 왜 저기에 저토록 처연하게 서 있는 걸까. 좀, 자기를 가꾸어 주면 좋을 텐데.

아마도 "어릴 때는 한 번씩 아프고 나면 부쩍 자라지만, 나이 들고는 한 번씩 아프고 나면 부쩍 늙는"다는 게 맞는 걸 지도 모른다. 어린 시절 엄마로부터 들었던 '비'와 관계된 말은 실상 '늙음'에도 해당되는 비밀이었나 보다. 그때 느꼈던 오한의 정체가 이것이었던가.

한 인간에게 있어 늙음은 잔인한 시간의 도움을 받아 지속 적으로 세력을 확장한다. 시간이 갈수록 면역력은 떨어지고 두 뇌 회전은 느려지며, 내부의 장기(臟器)들은 파업을 하거나 태 업을 할 것이다. 게을러져서 더 이상 일하기 싫어진 뇌세포들 은 결국 치매라는 형태로 자신들의 의무를 망각하게 될지도 모 른다. 팽팽하던 피부는 처지고, 크고 빛나던 눈은 꺼풀이 늘어 진 채 작고 퀭한 눈으로 쪼그라들겠지. 치아는 단단함을 잃을 것이고 소화능력조차 부실해질 터이니 먹는 낙마저 사라질지 도 모른다. 그리하여 어느 날, 추한 늙은 여자가 쓸쓸하게 웃으며 거울 안에서 자신을 맞이하는 시간이 다가올 것이다. 이 어쩔 수 없는 운명에도 불구하고 사회는 언제나 늙음을 성숙하게 받아들이고 여러 악조건에도 불구하고 잘 적응해서 멋지게 늙으라고 강요한다. 이건 삶의 비극이다.

"너의 젊음이 너의 노력으로 받은 상이 아니듯, 나의 늙음도 나의 잘못으로 받은 벌이 아니다." 어느 나이 든 작가는 소설에다 늙음을 이렇게 변명했다. 그러나… 늙음이 가져다주는 불편과 힘겨움, 그리고 그것에 적응해야만 하는 쓸쓸함과 고독이 벌이 아니라면 무엇이란 말인가. 많은 것들이 곁에서 사라지는 것을 그대도록 지켜보아야만 하는 것이 늙음이라면 그건 분명 벌인 것이다.

게다가 늙음이 벌이 아니라고 궁시렁거리던 작가는 한때 성적인 추문으로 곤욕을 치른 것으로 안다. 작가가 보여준 추문이 늙음을 인정하지 않고 젊음에 취하고 싶은 욕망의 결과인지 알 수는 없으나 늙음에 적응하지 못한 그 대가는 혹독했다.

여기까지 생각하고 나니 우울하고 쓸쓸해져서 기분 전환해보겠다고 핸드폰을 들었다. 앱의 도움을 받지 않고 찍은 사진에는 다크 서클을 길게 드리운 어떤 낯선 여자가 그로테스크하게 웃고 있었다. 어떻게 찍어도 예쁘지 않은 나이. 단언컨대 늙음은 벌이다.

  그래, 그건 분명 벌이라고 다시 한번 쓸쓸하게 고개 주억거리는 밤이다.

  늙는다는 것은
  이제껏 입어 보지 못한
  납으로 된 옷을 입는 것이다.
  _ 로스케 (소설 '은교'에서)

아마도 난 위로가 필요했나보다

3

8년 전 그날

돌아가신 아버지는 젊은 시절 심한 결핵으로 고생하신 분이다. 일찌감치 사라져버린 아버지(내게는 할아버지) 대신 홀어머니가 꾸리는 열악한 가정형편에 초등학교 때 이미 우유배달과 신문배달을 시작한 분이다. 중학교를 거치지 않았고 독학으로 검정고시를 통해 고등학교에 들어갔다. 고등학교 입학 후에도 죽자사자 아르바이트하며 그 시절 흔치 않은 명문대학에 입학하고 4년 내내 수석을 놓치지 않은 분이셨으니 그 험한 세월은 이루 말하기 어려울 것이다. 오로지 혼자의 힘으로 당신이 할 수 있는 그 모든 것을 이루어내신 분.

그러나 세월은 결코 그냥 물러가지는 않는 법이다. 역경으로 점철된 시간은 아버지의 육체에 결핵이라는 병마를 심어주었고, 젊은 시절 심하게 앓았던 결핵의 흔적은 이후 취업에서 연속된 아픔을 겪게 만들었다. 번번이 대기업과 경찰 시험의 마지막 신체검사에서는 결핵을 앓은 흔적만으로 어김없이 낙방하게 되었다고 하는데, 당시만 해도 흔한 일이었던 거 같다. 아버지는 세상이 주는 그 울분과 좌절과 원망을 술에 취해 몇 날 며칠 길거리를 헤매다니는 걸로 풀어내셨다고 한다.

그러나 정작 결핵이 남긴 저주는 이걸로만 끝나지 않았다. 결핵을 심하게 앓은 게 원인이 되어 마침내 한쪽 폐 기능을 상실하게 되었고 그로 인한 합병증으로 기관지에 심한 염증까지 왔다. 그 염증은 세월을 따라 기관지를 먹어 들어갔고 어느 날 병원에서는 기관지에 기생하는 곰팡이 균으로 인해 호흡 곤란이 오면 돌연사할 수도 있다는 진단을 내렸다. 아버지는 그걸로만 20년을 투병하셨다. 그러다 결국 당신 말년에는 폐암으로 생의 긴 호흡을 멈추셨으니 어쩌면 당신 한 평생 동안 먹고 살만큼의 삶을 꾸리는 대가로 한쪽 폐를 악마에게 내어주는 불공정한 거래를 한 건지도 모른다. 그만큼 당신 일생은, 당신에게 주어진 운명은, 굳은 의지와 강한 생활력만 가

아마도 난 위로가 필요했나보다

지고는 어찌해볼 수 없었던 불가항력의 그 무엇이었던 셈이다.

8년 전 아버지는 폐암 말기 진단을 받고 오랫동안 진료를 다니던 아산병원에 마지막으로 입원하셨다. 곰팡이 균으로 기관지는 거의 막혀 있었고, 한쪽 폐는 석회화되어 기능을 잃은 지 오래, 보통의 사람들에 비해 폐활량이 현저히 적어 수술은 불가능한, 말 그대로 '한 발 재겨 디딜 곳조차 없는'(이육사의 시 '절정'에 나오는 한 구절) 상황이었다. 담당 주치의는 그저 담담하고 사무적인 어조로 선언했을 뿐이다.

　- 앞으로 길어야 석 달일 겁니다, 주무시다 갑자기 심한 호흡 곤란과 극도의 고통을 겪다가 숨이 멎을 수 있는데, 그런 상황이 한 번이 될지 열 번이 될지 알 수 없습니다. 되도록 적게 겪으시길 바라야지요.

먹먹한 말을 들어야 하던 그때도 나는 고3 담임이었다. 다행히 수능이 끝난 직후라 한숨 돌리던 시기였다. 병실에서 자고 다음 날 대충 씻고 학교로 출근해도 수업 부담이 없었기 때문에 체력적으로 버텨낼 수 있었고 많은 형제들 중 병실에 가장 많이 남아 있거나 방문하는 게 가능했다.

그러던 어느 날 새벽이었다. 주무시다 갑자기 깬 아버지는 마치 무슨 말씀을 하시려는 듯 일어나 앉아 나를 뚫어지게 바라보셨다. 직감적으로 유언을 남기려는 게 아닌가 싶었다.

– 아버지, 왜 그러세요?

라고 물었으나 아버지의 시선은 바로 앞에 앉아 있는 나를 뚫고 지나가 저 먼 어느 곳을 보는 듯 그저 한참을 텅 빈 눈동자로 바라보기만 하셨다. 그러더니 어느 순간 모로 쓰러지셨고 가볍게 코를 고셨다.

주무시는 줄 알았다. 행여라도 깨실까 봐 몸을 바로잡아드리지도 못하고 그저 이불만 덮어드렸다. 다음날 출근하려면 아버지 주무실 때 나 역시 조금이라도 눈을 붙여야 한다고 생각은 했다. 하지만 불현듯 깨고 난 뒤 의식은 명징해졌고 자려고 억거지로 세기 시작한 양 떼는 수만 마리가 천장 위에서 길길이 뛰어놀며 운동회까지 벌이는 중이었다. 시간이 지나면서 점점 불어나는 양 떼를 보며 보조 침대에 누워 희부옇게 밝아오는 창을 속절없이 바라보고 있었다.

아마도 난 위로가 필요했나보다

마침 새벽 회진을 도는 레지던트 샘이 병실로 들어왔다. 모로 쓰러져 주무시는 아버지를 보더니 표정이 굳었다. 언제부터 이 상태였냐고 물었다. 나로서는 주무시기 시작한 시간이라고 생각되는 시간을 말하니 다급하게 집중치료실로 옮기자고 했다. 순간 심장이, 쿵, 소리를 냈다. 무언가 잘못되어가고 있다는 불길하고도 섬뜩한 느낌이 등골을 훑었다. 간호사분들이 뛰어 들어왔고 집중 치료실로 옮겨진 지 얼마 안 되어 아버지의 바이털 사인은 급격히 떨어지기 시작했다. 그리고 얼마 지나지 않아 아버지의 넋은 이승을 떠나 영원한 안식의 세계로 옮겨 가셨다. 순식간에 벌어진 일이었다.

지금도 잊을 수 없는 건 자신의 손목시계를 바라보면서 '몇 년 몇 월 며칠 오전 몇 시 몇 분 임종하셨습니다'라고 아버지의 죽음을 선언하는, 지나치게 담담해서 비현실적으로 들리던 레지던트 샘의 목소리다. 인공호흡이라도 해봐야 하지 않겠느냐고 악을 쓰는 내게 '일전에 연명 치료에 동의하지 않겠다고 서약하셨습니다'라고 무미건조하게 일깨워주던 그는, 눈동자 역시도 지나치게 차분해서 내가 마치 어느 다른 차원으로 끌려 들어가 결계가 쳐진 공간에 놓인 게 아닌가 싶은 환상마저 불러일으켰다.

하지만 동시에 목덜미를 서늘하게 훑고 등줄기를 타고 내려가던 어떤 기억이 되살아났다. 그보다 며칠 전 연명 치료에 동의하겠느냐 묻던 담당 주치의에게 동의하지 않겠다고 서명했었던 기억이 그제야 선명하게 다가왔다. 아마도 그때는 며칠 뒤 이런 상황을 오롯이, 그저 나 혼자 맞게 될 줄 알지 못했을 것이다. 미리 알았더라면 그토록 담담하게 서명하지는 못했을 것이다. 실제 세계가 아닌 머나먼 다른 차원을 떠돌고 있는 것처럼 명징하지 못하게 흐려져 있는 뇌는 한동안 다른 차원에 갇혀 있었고 엉뚱하게도 나는 레지던트 샘이 차고 있던 시계만 한참을 내려다봤다. 의사 샘이 시계는 싸구려를 차고 있구나 하는 생각, 다른 가족 중 누구에게 먼저 전화해야 하나, 엄마는 쓰러지실지도 모르는데 싶은 우려, 그 와중에도 수능 이후니 당분간 학교를 비운다고 해도 그닥 죄책감을 갖지 않아도 되겠구나 하는 자각이 한꺼번에 몰려왔다. 그래, 그나마 학교를 비워도 죄책감이 덜한 기간이라는 바로 그 자각이 들면서 가슴을 쓸어내렸던가, 아니던가.

다른 가족들이 연락을 받고 올 때까지 홀로 돌아가신 아버지 곁을 지키는 시간. 허리를 굽혀 아버지 이마에 입을 맞추었다. 아마도 나와 아버지 사이에 있었던 친밀하고 다정한

아마도 난 위로가 필요했나보다

신체적 접촉은 사춘기 이후로는 그때가 유일했을 것이다. 여전히 따뜻하고 부드러운 아버지 이마에 입술을 대고 최대한 천천히 나직하게 속삭였다.

　- 그동안 고생 많으셨어요. 종가의 종손으로, 열 명이 넘는 대가족의 가장으로 한 평생 힘드셨으니 이제는 편안하게 쉬세요.

　- 그동안 고마웠어요…… 아빠.

어느덧 8년이 지났다.

이후 아버지 기일이 늘 수능 이후라 내 손으로 직접 제사 음식을 만들 여유가 있다는 사실이, 8년 전 그때의 기억을 아직 놓지 못하고 있는 내게 작은 위안이 되었던가, 아니던가.

해마다 아버지 기일이 돌아오면, 내 몫으로 맡겨진 전을 부치며 인연과 삶과 세월과 그리움에 대해 생각하고는 한다.

나, 엄마랑 결혼할래요

1.

    사범대를 나오지 않은 나는 뒤늦게 교사가 되겠다고 결심했으나 막상 교사 자격증이 없었다. 하는 수 없이 자격증부터 따겠다고 교육대학원에 들어갔는데 그때 나이가 이미 서른이었다. 당시 옆지기는 지방에서 근무하고 있었고 격주로 주말에만 집에 오는지라 세 살과 네 살 연년생 아이 둘을 오롯이 나 혼자 키우던 시절이었다. 들어간 첫해부터 만만치 않게 비싼 학비도 벌어야 했고 이제 막 걸음을 걷고 말을 시작한 연년생 두 아이의 육아도 해내야 했으며, 제사나 명절 등의 문제로 시집이 있는 대구까지 꽤 자주 다녀오기도 해야 하는 생활 속에 우왕좌왕 정신이 없었다.

특히나 다소 늦은 나이에 급하게 들어간 대학원에서는 대학 시절에는 전혀 다루지 않았던 파워포인트로 발표 자료를 만들어야 했는데 남들이 한 시간 걸려 할 과제를 나는 두세 배의 시간을 들여야만 겨우 마칠 수 있었다. 심지어 대학을 졸업하고 나서는 이미 까맣게 다 잊은 영어 단어를 새롭게 다시 외워가며 영문학 강독이니 뭐니 하는 수업들을 들어야 했다. 단순히 영어로 이루어지는 수업을 따라가기 어려운 거야 밤을 새워서라도 이겨내 보겠는데, 함께 수업을 듣는, 적어도 5~6년은 어린 대학원 동기들이 결혼한 아줌마가 뭐 이리 극성이냐고 속으로 욕할지도 모른다는 자격지심은 항상 나를 움츠러들게 만들었다. 게다가 모교의 대학원도 아니었다. 같은 대학 학부에서 올라온 친구들끼리는 이미 스터디 모임이 결성되어 있어서 발표 수업이고 뭐고 어려울 게 없었지만, 학부가 다른 나는 맨땅에 헤딩하는 심정으로 매일을 견뎠다.

그나마 첫해는 양반이었다. 그다음 해는 거의 지옥의 한가운데를 통과하는 것 같았다. 학위를 따기 위해서는 반드시 통과해야 하는 막바지 영어 시험과 전공 관련 종합시험을 앞두고 있었다. 1학기에는 교생실습을 마쳐야 했으며, 동시에 석사논문을 준비해야 했고, 그해 말에는 졸업도 하기 전 난생처음 보는 임용고사가 예정되어 있었다. 임용고사가 목표라고 해서 석사논문을 소홀히 할 수도 없었다. 석사논문이 통과되지 않으면 임용고사 합격은 자동으로 취소되기 때문이었다. 그렇다고 임용고사 통과는 쉬우냐 하면 천만의 말씀, 만만의 콩떡이었다. IMF 때 선망의 대상이었던 회사들의 줄도산과 구조조정을 겪은 세대는 안정적인 직장이라고 알려진 공무원과 교사 시험에 구름처럼 몰려들었다. 경쟁률은 몇십대 일을 넘어서 어디까지 올라갈지 예측조차 하기 어려웠다. 그러니 허덕거리며 교사 자격증을 취득하는 그 모든 과정을 통과했다고 해도 막상 임용고사에서 합격한다는 보장은 없었다. 이미 재수 삼수는 기본이 된 지 오래였고 심지어 사수에 오수까지 어렵지 않게 찾아볼 수 있는 시절이 되었다.

실제로 시집 식구들 중 한 분이 나의 시어머니께 이런 말을 했다고 한다. '대학에 다니는 어린 학생들도 퍽퍽 나가떨어지는 임용고사를 애 둘 딸린 아줌마가 통과하겠다고 다시 공부를 시작한다는 게 말이 되느냐'고 말이다. 또 다른 어떤

아마도 난 위로가 필요했나보다

분은 '어차피 되지도 않을 시험을 보려고 하는' 나의 결심은 '돈도 없는 집안에서 돈 낭비하는 거'라며 혀를 차셨다고도 했다. 더 심하게는 '애 둘 딸린 아줌마가 적당히 아르바이트로 돈이나 벌고 애 둘이나 잘 기를 생각을 하지, 무슨 어려운 시험을 통과하겠다고 그러느냐'며 자기 같으면 한 소리 해서라도 '시집이 있는 대구에 눌러 앉혔을 거'라고 말씀하셨다는 분도 계셨다.

2.

그 시절 반지하에 살았는데 폭우가 쏟아질 때면 가끔 욕실의 하수구가 역류를 했다. 하수구가 역류해서 거실에 질벅하게 물웅덩이가 만들어지면, 새벽같이 아이들을 같은 동네에 있던 친정에 데려가 씻겨서 어린이집에 등원시켰다. 대학원에 가는 날은 아이들을 맡길 데가 없어서 동네 아주머니께 그 시간 동안 봐주십사 부탁을 드렸고, 대신 그 집 고등학교 아들의 국어와 수학 과외를 해주었다. 일종의 품앗이었다.

땅을 파도 동전 하나 나올 곳이 없던 양가 집안 형편에 대학원 학비와 학원비를 손 벌릴 수는 없었다. 주말마다 학원 강의를 뛰었다. 평일에도 틈틈이 고등학생 수학 과외를 했는데 과외가 끝나자마자 집에서 한 시간 거리의 대학원 건물까지 가려면 저녁을 먹을 시간적인 여유가 없었다. 가끔 저녁을 굶고 헐레벌떡 대학원 강의실에 도착할 때면 수업 시간 내내 배에서는 2월 말 얼음장 아래에서 녹으며 흘러가는 개울물 소리가 났다. 그러나 수업 시간 내내 마음이 진정되지 않고 산란스러웠던 건 배고픔 때문이 아니었다. 집에 있는 애들 걱정에 수업 내용이 귀에 들어오지 않을 때가 많았다. 힘든 시절이었다.

그러니까 앞에서 말한 대학원 들어간 다음 해, 지옥을 저벅저벅 걸어서 통과하는 것 같다고 표현했던 그해, 아들이 다섯 살 때였다. 아들은 순하디순한 놈이었다. 잘 울지도 않고 어지간해서는 떼를 쓰지도 않았다. 장난감 몇 개 던져 주면 지 혼자 이리 굴리고 저리 굴리면서 하루 종일 잘 놀았다. 아무거나 잘 먹었고 어린이집에 다니면서도 한참 감기가 돌거나 해서 옮아올 때 빼고는 대체로 건강했다. 좁은 반지하 거실에서 하루 종일 장난감을 어질러놓고 놀던 아들에게 밤이 되어 잘 시간이 되면 커다란 통에 모두 담으라고 시키는 건 아이들을 교육하는 내 방식 중 하나였다. 꼬맹이 시절부터 자기 물건을 스스로 정리하는 습관을 들여야 한다는 건, 꼭 교육철학이어서가 아니라 당시 내가 살아야겠기에 택한 절박한 생존전략인 셈이었다.

하지만 하루 종일 미친 사람처럼 이리 뛰고 저리 뛰어다닌지라 그 시간이 되면 나도 모르게 눈이 감겼다. 막상 정리하라고 시켜놓고는 그대로 거실 바닥에 쓰러져 잠이 들 때가 더 많았다. 설핏 잠이 들락말락 까무룩하는 어느 순간, 아들이 옆에 와 눕는 걸 느끼고 장난감 정리는 다 했느냐고 잠결에 물으면 네, 라고 대답했다. 그 소리를 들으며 다시 까무룩 늪 같은 잠으로 빠져들어 가고는 했다. 아침에 일어나 보면 정말 거실에 널브러져 있던 장난감들을 자기 전에 아들이 모두 큰 통에 담아 놓은 걸 볼 수 있었다. 사람 죽으란 법은 없었다. 아이들이 착해서 견딜 수 있었던 시절이었다.

그러던 어느 날이었다. 그날도 평소처럼 거실 한쪽 벽에 딱 붙어있는 식탁에 앉아 영어 단어를 외우며 문장을 해석하고 있는 중이었다. 잠투정이 많은 딸냄이 낮잠에서 깨기 전에 집중적으로 공부해야만 했다. 뒤에서는 아들이 거실 바닥에 주저앉아 레고로 집을 만들고 있었다. 그러던 녀석이 갑자기 내 등 뒤로 오더니 목을 끌어안으며 말했다.

　– 나, 엄마랑 결혼할래요.

　영어 단어는 안 외워지고 종합시험은 코앞으로 다가오고, 만약 영어 시험이나 종합시험을 통과 못 한다면 학위 취득에 실패하게 될 것이고, 학위 취득에 실패하게 되면 교사자격증은 당연히 안 나올 거고, 그러면 그해에 있는 임용고사는 설령 통과한다 해도 합격은 취소가 될 거고. 특히나 대학원 진학은 내 고집만으로 우겨서 시작한 공부인데 당연히 임용고사를 재수한다는 건 꿈조차 꾸기 어려운 일이고……. 꼬리에 꼬리를 무는 불안이 언제나 어깨를 짓누르고 있던 시절이었다. 영어 단어 하나하나를 머릿속에 어거지로 욱여넣고 있다가 느닷없이 아들의 고백을 받으니 한순간 멍한 상태가 되어 말했다.

　– 엄마랑 결혼한다고? 엄마는 이미 아빠랑 결혼했는데?
　– 아빠랑요? 언제요? 언제 결혼했어요?
　– 응, 너 태어나기 전에 아빠랑 먼저 결혼했어. 앨범에 엄마랑

아마도 난 위로가 필요했나보다

아빠랑 결혼한 사진이 있는데 줄 테니까 한번 찾아봐.

어떻게든 영어를 공부할 시간을 벌어야 하기에 다섯 살 난 아들에게 결혼사진이 들어있는 앨범을 통째로 가져다줬다. 앨범을 구경하다 보면 한동안 또 조용할 거고, 그러면 그동안 나는 다시 영어 단어를 외울 심산이었다. 앨범을 넘겨보는 데 집중하고 있는지 한동안 아무 소리도 들리지 않았다. 마악 단어를 끄적거리며 문장 하나를 해석하려는데, 점점 등 뒤에서 느껴지는 분위기가 심상치 않았다. 시익 시익 숨을 몰아쉬는 소리가 들리더니 갑자기 와악~~ 하는 울음소리가 터져 나왔다. 놀라서 돌아보니 아들 녀석이 앨범을 깔고 앉은 채 거실 바닥을 주먹 쥔 두 손으로 두드리면서 큰 소리로 울고 있었다. 잘 울지도 않던 녀석이 아예 통곡을 하며.

하지만 녀석이 울면서 하는 말을 듣고는, 하루 종일 그날 치 공부는 작파(作破)한 채 낄낄거리고 웃을 수밖에 없었다. 녀석은 다음과 같이 떼를 썼던 거다.

- 왜 나한테 물어보지도 않고 결혼했어, 엉 엉.
- 왜 물어보지도 않고 아빠랑 먼저 결혼했어, 엉 엉.

– 나한테 먼저 물어봤어야지, 엉 엉.

    이미 대학생이 된 아들은 그때 일을 자신의 흑역사로 기억하고 있다. 말도 못 꺼내게 한다. 하지만 나는 그날의 추억 덕분에 반지하, 빛이 스며들지 못하고 하루 종일 그늘을 지우던 그 집에서 견디던 시간들이 어두컴컴하지만은 않게 기억되고 있다. 이 세상 어떤 남자가 이미 결혼한 나에게 그토록 절절하게 결혼하자고 고백을 하겠는가 말이다.

나를 슬프게 하는 것들 1

1.

예전에, 그러니까 우리 아이들이 아주 어렸을 때 주변에서 조기 영어교육이니 뭐니 하면서 영어 유치원에 보내는 광풍이 불어 닥쳤을 때도 그닥 신경 쓰이지 않았다. 그러든가 말든가.

서울 어느 부자 동네에서 어마무시하게 비싸고 겁나 효과 있는 교재와 교구를 사주면서 아이들 창의성 발달을 통한 학습 능력 신장에 주력한다는 기사를 접하거나, 어릴 때부터 현지 영어를 배우기 위해 어학연수를 보낸다는 이야기가 들려올 때도 뭐 그러든가 말든가 했다.

소위 아이들 교육에 신경을 쓰는 엄마라면, 혹은 학부모라면 응당 어느 정도 해야 한다는 그딴 개념 따위는 안드로메다로 보내버린 불량 엄마가 나였다. 기실 할래야 할 수도 없었다. 매일 상담하고 야자 감독하고 업무에 치이다 보면 귀가 시간은 늘 늦을 수밖에 없었다. 주말이면 밀린 살림을 해야 했고 그다음 주 수업 준비로 허덕였다. 게다가 교직에 들어온 한동안 주5일 근무제도 아니었던지라 토요일에도 출근했다가 피곤한 몸을 이끌고 귀가했다. 그래도 파절임처럼 늘어진 손과 발을 이끌고 아이들 위한답시고 집 근처의 어린이대공원에 가서 놀이기구를 태워 주거나, 소극장에서 공연되는 뮤지컬 표를 신경 써서 구해와 함께 구경하러 가거나, 일요일이면 가까운 도서관에 가서 양껏 책을 보게 해주는 정도가 부모로서 할 수 있는 최선이었던 것 같다.

그러던 어느 토요일이었다. 야근을 안 하고 모처럼 훤한 낮에 집으로 돌아온 날, 유치원을 다녀온 아들 녀석의 실내화가 눈에 들어왔다. 더할 나위 없이 꼬질꼬질했다. 하얀 실내

화는 여기저기 때가 묻고 얼룩이 져서 본연의 색을 잃고 흡사
얼룩 강아지와 비슷한 꼬라지를 하고 있었다.

어떤 다른 이유가 있었을지도 모른다. 그날 학교에서 무
슨 일이 있었는지는 모르겠다. 뭔가 안 좋은 일이 있었는지,
일이 몰려서 힘이 들었던 건지, 아니면 누군가와 팽팽한 감정
다툼이 있었던 건지 기억나지 않는다. 그냥, 그 순간, 얼룩덜
룩 꼬질꼬질한 아들 녀석의 실내화를 본 순간, 왈칵 눈물이,
눈물이 활화산처럼 터져 나왔다.

　- 지금 나는 뭐 하고 있는 걸까. 뭐 한다고 자식새끼 실내화가
　　이 지경이 될 때까지 발견도 못 하고 있었던 걸까. 뭐 그리 대
　　단한 일을 한다고 남의 집 애들 미친 듯이 돌보면서 정작 내
　　새끼는 이렇게 거지꼴로 다니게 만든 걸까. 저 운동화를 신고
　　다니는 아이를 본 유치원 선생님은 무슨 생각을 했을까.

한번 터져 나온 울음은 입을 틀어막는다고 멈출 성질의
것이 아니었다. 세상 억울했다.

　- 내가 아무리 열심히 한다고 한들 어차피 세상은 내 편이 아닌

데, 아무도 내가 열심히 하는 거 알아주지도 않는데, 그렇게 산다고 돈을 더 버는 것도 아니고, 승진하거나 출세하는 것도 아니고, 명성을 쌓는 것도 아닌데. 어차피 영악하게 지 거 아득바득 챙기는 인간들이 칭찬까지 싹쓸이로 다 가져갈 텐데, 난 무슨 대단한 영광을 보겠다고 내 새끼 실내화가 이 지경 될 때까지 몰랐던 걸까.

한번 둑을 무너뜨리고 제방을 망가뜨린 생각은 끝을 모르고 일상의 평온을 휩쓸었고, 그날 나는 현관문 앞에 주저앉아 한참을 엉엉 소리 내어 울었다. 맑은 토요일, 한가로운 오후의 햇살이 빌라 주차장 한 귀퉁이에 위치한, 늘상 어두컴컴했던 서민 빌라를 자애롭게 비추어주던 어느 토요일이었다.

2.

그리고 어제.

서울특별시교육청 산하 대학진학지도지원단에서 있었던 관련 행사를 마치고 10시 넘어 집으로 돌아가는 길. 운전대를

아마도 난 위로가 필요했나보다

잡고 울면서 집까지 왔다. 며칠 전부터 우리 집 고양이 코코가 한쪽 눈을 못 감고 있는 걸 발견했다. 처음에는 그러려니 했는데, 머리를 쓰다듬을 때면 두 눈을 지그시 감고 갸르릉거리던 애가 한쪽 눈만 찡긋거리며 감는다는 걸 알게 되었다. 한쪽 눈은 감지도 못하고 동그랗게 뜬 채로.

그제 밤에서야 무언가 심각한 거 같아서 병원에 데리고 가야 한다고 생각은 했는데, 막상 어제는 학교에서 중요한 행사가 있는 날이었다. 할 수 없이 병원 데리고 가는 걸 오늘로 미루고 출근하는 길, 답답함이 심장을 짓눌렀다. 하루 종일 정신 못 차리고 뛰어다니다 비로소 행사가 다 끝나고 집으로 돌아가는 길에, 그만 울음이 터졌다. 엉엉 울면서 집까지 운전했다.

나는 도대체 무엇을 바라고 살아가는 걸까. 작은 생명 하나 제대로 보살피지 못하고 무심하기 이를 데 없이 방치하면서 무슨 대단한 일을 한다고 이러는 걸까. 세상 별 볼 일 없는 인간이면서, 뭐 하나 제대로 할 줄 아는 거 없는 무능한 인간이, 뭐가 바쁘다고 그 불쌍한 걸 제대로 돌보지도 못하고, 이 늦은 시간까지 도로 위에 있는 걸까. 한번 터진 울음은 지하

주차장으로 차가 들어설 때까지 멈추지 않았다.

오늘은 코코를 데리고 병원에 간다.

이 아이가 안 아프고 행복하게 오래오래 살았으면 좋겠다고, 다른 무엇보다 그랬으면 참 좋겠다고 중얼거린다. 같이 사이좋게 나이 들어서 기운 빠진 두 늙은 생명체가 다정하게 거실에 누워 하루 종일 뒹굴고 싶다. 거실 창문으로 스며든 햇빛에 눈 가느스름하게 뜨고, 아 오늘은 날씨가 참 좋구나, 중얼거리는 내 옆에 코코가 와서 갸르릉 거리며 손등에 얼굴 부비는 하루를 꿈꾼다. 보드라운 녀석의 몸을 끌어안고 뒹구는, 먼 훗날의 어느 나른하고 가없이 늘어지는 하루를 기도한다.

아마도 난 위로가 필요했나보다

나를 슬프게 하는 것들 2

1.

올여름 초입, 우리 집 고양이 코코가 원인을 알 수 없는 병으로 심각하게 아팠다. 오른쪽 안면 근육이 마비되었는지 눈을 감지도 찡그리지도 못했다. 오른쪽 귀는 아예 뻣뻣한 상태로 곧추세운 채 접히지도 않고 제대로 먹지도 마시지도 못했다. 퇴근하고 허겁지겁 달려간 동네 동물병원에서는 더 큰 병원으로 가보라 했다. 수소문해서 찾아간 연대 앞 종합동물병원. 병원에서 시키는 대로 왼갖 검사를 했으나 딱히 병명은 나오지 않았고 집에 돌아온 코코는 물 한 모금 넘기지 못한 채 거실 한구석에 모로 쓰러졌다.

다음 날 다시 연대 앞 종합병원으로 달려가 전날 미처 하지 못한 검사를 마치고 나서 기운이 없어 울지도 못하는 코코를 캐리어에 넣고 택시를 탔다. 병원에 함께 갔던 딸냄은 택시 뒷자리에서 코코가 있는 캐리어를 붙잡고 이따금 눈물을 훔쳤고, 앞좌석에 앉은 나는 이미 한 달 생활비를 압박하다 못해 초과해버린 병원 검사 비용에 앞으로 어디서 돈을 조달해야 할지를 생각하느라 머리가 아파오고 있었다.

궁리 끝에 뒷자리에 앉은 딸냄에게, 앞으로 좀 더 절약하며 살 것과 용돈에서 얼마 정도는 코코 병원비로 부담할 것과, 앞으로 엄마도 월급 이외의 수입(주로 강사비와 원고비, 그리고 보충수업비 등)은 모두 코코 몫으로 돌려서 통장을 따로 만들어야겠다는 말을 하고 있었다.

그때 택시 기사가 낄낄 웃으며 끼어들었다.

– 뒷자리 그거, 개예요? 아이고~ 그냥 개를 갖다 버려요. 벌써부터 돈 잡아먹는 거 같은데 뭘 병원까지 데리고 다녀요. 아,

아마도 난 위로가 필요했나보다

그리고 여자가 돈을 벌면 뭘 얼마나 번다고 개 병원비까지 감당한다고 그러세요. 막말로 좀 벌면 살림 빵구 나고 해서 여자 버는 돈은 돈도 아니에요.

순간, 그 막말을 뒷자리 딸냄이 듣고 상처받을까 봐 노심초사했다. 다행히 딸냄은 못 들었는지 잠잠했고, 나는 올해 여름은 잔인하게 더울 거라는 기상청 뉴스를 언급하면서 황급히 대화의 방향을 틀어버렸다.

끔찍하게 길게 느껴지던 20여 분간, 기사는 이런저런 화제를 가지고 말을 붙여주는 나로 인해 기분이 좋은지 큰 소리로 수다를 떨어댔지만 차가 아파트 주차장에 들어서자마자 나는 싸늘하게 기사의 말허리를 끊어버렸다.

- 다 왔으니 세워 주세요.

돈을 지불하고 택시에서 내리는데 구역질이 났다. 석양 무렵이었지만 유난히 이르게 찾아온 더위에 후덥지근한 공기가 철떡거리며 발목을 감싸고 들었고, 고층으로 둘러싸인 아파트 단지 안에 흐르는 끈적거리는 습기는 목을 타고 올라와 숨통을 조이는 것 같았다. 그때였다. 딸냄이 울음으로 목울대가 꽉 막힌 소리로 조용히 중얼거렸다. 개자식.

생전 욕 한마디 할 줄 모르는 천생 범생이었다. 깜짝 놀라 쳐다본 딸냄의 눈에서는 눈물이 줄줄 흘러내렸다. 말하지 않아도 얼마나 깊게 상처받았는지가 느껴졌다. 서로의 어깨를 끌어안고 코코가 들어있는 캐리어를 들고 주차장을 가로지르는 시간, 분노인지 억울함인지 슬픔인지 모를 감정으로 심장이 예리하게 벼린 칼에 의해 조각나는 느낌이었다.

나는 너희들에게 구태여 동물을 사랑하라고 강요한 적이 없다. 기르는 동물을 치료해보겠다고 헌신하는 게 옳은 거라 말 한마디 해본 적도 없다. 인간과 동물이 똑같이 소중하다고 역설한 적도 없다. 그저 조용히 우리 가족이 코코와 평안한 일상을 보내는 걸 기도했을 따름이다. 그런데 너희들은 어찌 그리 무례한 것인가. 어찌 그리 잔인하고도 야비한 속성을 기고만장 들이대는 것인가? 너희들 심연 저 깊숙이 자리하고 있는, 약한 상대는 모조리 자근자근 잔인하게 짓밟고 싶어 하는 속성은 도대체 어디에서부터 기원한 것인가.

아마도 난 위로가 필요했나보다

혹여 딸냄이 듣고 상처받을까 봐 조심하느라 미처 쏟아붓지 못하고 가슴에 한처럼 맺힌 말은, 끈적끈적거리며 후덥지근하게 몸을 감고 들던 지난여름의 공기 속에 지박령처럼 박제되었다.

2.

최근 계약 기간 만료에 따라 월세를 올려달라는 바람에, 그럼에도 불구하고 계약 기간은 1년만 하자는 집주인의 말도 안 되는 갑질에 다시 이사를 하러 주변 전세를 알아보는 중이었다. 이번에 이사를 하게 되면 그게 결혼하고 나서 13번째 하는 이사인지 14번째 하게 되는 이사인지조차 감도 없는데, 한 달 반도 채 남지 않은 이사 날짜가 마음을 초조하게 하니 급하게 부동산을 도는 수밖에 달리 방법이 없었다.

마침 크게 탐탁지는 않으나 우리가 가진 조건에서 크게 무리가 안 되는 선에서 얻을 수 있는 집이 나와 있었다. 그래서 바로 계약을 진행하려고 했다. 찬밥 더운밥 가릴 처지는 아니었다. 2년 전 이 동네로 이사 올 때보다 전세 가격만 2억이 올랐는데 이 살인적인 집값 인상 폭에 집이 전적으로 내 마음에 들고 안 들고는 기실 하나도 중요하지 않았다. 가진 돈에서 대출을 받아도 크게 무리가 되지 않는 선이라면 다리 아프게 더 둘러볼 필요도 없이 신속하게 계약을 하는 게 남는 장사라는 건, 열 몇 번의 이사를 통해 얻게 된 가장 소중하고도 현실적인 깨달음이었다.

막 가(假)계약금이라도 걸어서 잡아두려는 데, 갑자기 집주인이 묻는다.

- 혹시 개 길러요?
- 아니요, 개는 아니고 고양이 길러요.
- 어머, 설마 그거(!!!) 가지고 올 거는 아니지요?
- 네? 아, 어, 저…….. 데리고 와야지요.
- 아이고, 그냥 버리고 오면 안 돼요? 난 개나 고양이 따위는 질색이라.

당신이 같이 사는 거 아니잖아, 우리가 같이 사는데 당신이 '개나 고양이 따위' 질색이라는 걸, 오로지 당신 취향이 그렇다는 걸 왜 우리에게까지 강요하는 거지? 나는 당신더러

아마도 난 위로가 필요했나보다

동물 사랑하고 기르라고 말한 적이 한 번도 없는데, 어째서, 왜, 당신은 내게 당신의 취향을 받아들여야 한다고 강요하는 걸까?

　계약은 무산되었다. 그리고 하고 싶은 말도 심장에 꾹꾹 눌러 담은 채 부동산을 나왔다. 영하 십몇 도라고 하는 기상청 발표대로 코끝이 칼로 에이듯 시려왔다. 이사할 집은 처음부터 다시 알아봐야 한다. 그 생각을 하고 나니 온몸에 으슬으슬 한기가 든다. 주머니 속에 집어넣긴 했지만 바깥의 차가운 공기에 손가락은 얼음장처럼 식어서 저릿저릿 아려온다. 이럴 때는 따끈하게 데운 정종 한 잔이 그립다. 목구멍을 저릿저릿 쓸고 내려가는 정종 한 잔이면, 저릿저릿 아려오는 손가락도 노골노골 풀리지 않을까, 공연히 꽉 막혀서 갈퀴로 긁어대는 것같이 아픈 목울대는 애써 외면하며 생각해보는 것이다.

맹모삼천지교

우리나라 3대 일간지 중 하나인 D 일보에 다음과 같은 기사가 실렸다.

(전략) 맹모삼천지교(孟母三遷之敎)는 한국에선 흔하디흔하다. 집은 서울 영등포구에 있지만 큰아들을 명문고교로 보내려고 강남구 월세로 갔다가, 2년 만에 둘째 아들을 위해 서초구 월세로 옮긴 한 엄마(48). "장남은 남녀공학을 다녔는데 똑똑한 여학생들 때문에 상대적 불이익이 컸어요. 그래서 둘째는 남자만 있는 고교로 보냈죠." 외국어고나 서울 강남의 명문고교 등에선 중간고사나 기말고사가 끝날 때마다 10명 넘게 전학을 간다고 한다.

아마도 난 위로가 필요했나보다

시험을 망친 학생들이 '좋은 대학 가기 좋은 고교'를 다시 찾아 이사한다. (중략)

한 대기업 임원(49)도 다른 듯 같은 경우. 그는 서울 양천구의 낡은 아파트에 10년 넘게 살고 있다. 친구나 지인이 그 집을 우연히 방문했다가 깜짝 놀랄 정도. 그의 높은 연봉과 아파트의 열악한 환경이 어울리지 않는다. "재수생인 큰아이, 고교생인 둘째가 수년째 다니는 유명 학원이 집에서 가깝다. 그래서 이사 갈 수 없다." (후략)

이 기사에 나오는 '맹모'(孟母)들처럼 나도 아이들이 어렸을 때 과감하게 여러 번 이사를 감행했었다. 그러나 기사와 다른 건, 좋은 학원이나 소위 말하는 좋은 학군을 찾아간 게 아니라 좀 더 넓고 쾌적한 집을 얻기 위해 고군분투했다는 점이다.

애들이 초등학교 고학년이 될 때까지 살았던 서울 변두리의 한 빌라는 18평형 정도였는데 쓸 만한 방은 안방과 또 다른 방 하나 정도였고 부엌 옆에 붙어있던 방은 서랍장 하나 들여놓기도 어려울 정도로 좁은, 명색만 방이라고 이름 붙은 곳이었다. 거실엔 탁자 하나 겨우 놓으면 꽉 찼다. 일자형 싱

크대가 놓인 부엌은 작은 식탁조차 놓을 자리 없어 조그만 밥상 하나 놓고 겨우 밥을 먹을 수 있었다. 밥을 먹고 나면 바로 상을 치워야 지나다니는 발에 안 걸리적거릴 정도로 작디작은 부엌이었다. 그 비좁은 집에서 초등학교 4학년, 5학년 남매 둘과 남편과 나, 시어머니까지 다섯 식구가 살았다.

　하지만 집이 좁은 것보다 힘들었던 건 하루 왼 종일 빛 하나 제대로 들어오지 않는다는 점이었다. 빌라를 지으면서 1층은 주차장을 만들고 가장 안쪽에 남은 자투리땅에 작게 한 가구 정도 들인 집이라 애초에 분양도 제대로 안 되던 집이었다. 때문에 아침나절 잠깐 희미하게 빛이 들어오다 오전 11시 정도만 되면 저녁 8시 해가 꼴깍 넘어간 시간처럼 칠흑과도 같은 암흑에 휩싸이는 집이었다. 지금이 대체 하루 중 어느 때지? 하고 자신에게 질문해 보았자 대략이라도 가늠조차 되지 않았다. 시계를 보면 엉뚱한 시간대를 마주하고는 했다. 심지어 낮잠을 잘 때는 마치 밤인 것과 같은 착각 속에 마음 놓고 깊게 잠들 수 있었다. 하루 종일 밤으로 느껴지는지라 죄책감이나 자기혐오에 빠지지 않고 내처 잘 수 있는 집이었다.

아마도 난 위로가 필요했나보다

아이들이 더 크기 전에 빛이 들어오는 집으로 이사하고 싶었다. 더 늦기 전에 아이들 각자의 방을 만들어주고 싶었다. 거실에서는 화분이 이파리를 늘어뜨리며 자라고, 아침엔 창으로 쏟아져 들어오는 햇살이 부셔 눈을 뜨는 집에서 살고 싶었다. 그리하여 좀 과하다 싶게 은행 대출을 끼고 더 넓은 집으로 이사를 했다. 빛이 잘 들어오는 아파트로. 그러다 보니 대출을 끼었음에도 불구하고 전세에서 전세로 서울 변두리 빌라를 버리고 경기도로 갈 수밖에 없었다. 서울 동북부에 위치한 경기도 외곽 도시는 서울 아파트 전세값의 딱 절반 가격이었다.

그러나 막상 이사하고 보니 좋은 학원은커녕 보습학원조차 찾기 어려웠다. 그러니 학군은 뭐 따질 것도 없었다. 하긴 아이들 전학시키러 찾아간 초등학교에서 담임 선생님은 그러셨다. 여기보다 어디 더 좋은 학군으로 이사하시나 봐요? 경기도 도시 이름을 대자 샘은 좀 당황하시며 말씀하셨다. 그쪽보다는 그래도 지금 사시는 곳이 더 좋지 않을까요? 아파트 단지 뒤로 휑하니 펼쳐진 공터를 바라보며 집값이 싸게 형성된 데에는 당연히 포함되는 여러 이유가 있을 거라고 고개를 주억거렸다. 하지만 새로 이사한 집에서 처음 자던 날 설레어 잠 못 이루던 기억은 지금도 생생하다.

> – 집에 빛이 들어오는구나~ 이젠 화분을 마음 놓고 키울 수도
> 있겠어. 화분은 이 근처 화원에 가면 싸게 살 수 있겠지? 빛
> 을 잔뜩 받아야 클 수 있는 로즈메리 사 올까? 아니 이왕이면
> 이파리가 넓은, 꽃도 활짝 피는 걸로 사 올까? 이제 애들 둘
> 은 각자의 방이 생겼구나. 조금 있으면 사춘기에 들어갈 텐데
> 서로 불편하지 않게 방이 생겼다는 건 정말 축하할 일이지 뭐
> 야. 아무튼 애들이 자기 방은 자기가 치우도록 가르쳐야지~
> 그건 생존에 있어 중요한 교육이니까 말야. 아, 생각만으로도
> 너무 행복해~~~

이후 한 차례 이루어진 전세값 폭등으로 인해 서울에서
좀 더 먼 곳으로 이사해야 했지만 그래도 다시 서울 전세값의
반값으로 넓고 쾌적한 집을 얻을 수 있었다. 여전히 빛 잘 들
어오는 남향으로 말이다. 게다가 애들은 이전 집보다 새로 이
사한 집을 더 마음에 들어 했다. 자기들이 다니는 학교 바로
앞이라 더 좋다며 손뼉까지 쳤다. 걸어서 5분 거리였다. 기사
에도 나오는, '애들 교육'을 위해 강남, 목동으로 이사한다는
다른 부모들과는 정반대로 움직인 셈이었지만 나 나름대로

아마도 난 위로가 필요했나보다

는 '애들 교육'을 위해 이사한 게 맞았다. 좀 더 인간답게 살 수 있는 환경을 만들어주고 싶었다. 쾌적한 환경이 진정한 교육적 환경이라고 믿었다. 거주하는 공간이 여유 있어야 나머지 모든 것들이 잘 풀린다고 믿었다. 학군이니 학원이니 하는 것들은 구태여 순위를 매기자면 그다음이었다. 학원 하나 변변하게 없는 그 동네에서 울 애들은 학원이 변변치 않았기에 오히려 즐겁게 학교를 다녔다.

두 아이 모두 대학에 진학하면서 비로소 두 아이가 다니는 대학과 가까운 동네로 또 이사하게 되었다. 이번엔 서울 한복판이다. 유난히 전세 가격이 낮은 경기 동북부 쪽에서 서울 한복판으로의 이사였다. 단번에 하늘에서 필요한 만큼의 돈이 떨어질 리는 없다. 그래도 결혼하고 20여 년을 전세로는 살 수 있었는데 이번엔 어쩔 수 없이 월세였다. 그렇지만 이번에도 난, 오로지 아이들 교육을 위해서 이사한 거다. 멀리서 버스 타고 가다가 전철로 갈아타고 다시 환승해서 전철을 타고 내려서 20분을 걷거나 마을버스를 타는 것보다는, 혹은 아이들만 따로 방을 얻어서 자취를 시키는 것보다는 차라리 월세를 물더라도 가족 모두가 한집에서 같이 살면서 아침에 따뜻한 밥 한 끼 먹고 나갈 수도 있는, 학교 가까운 곳에 사는 게 좀 더 인간다운 삶을 영위하는 것이라 믿기 때문이다.

이 정도면 가히 맹모삼천지교(孟母三遷之敎)에 비견할 만하지 않은가? '맹모'가 별거냐 말이다. 자식의 정서와 행복한 일상을 위해서 과감하게 이사를 감행할 수 있는 게 '맹모' 아니겠는가. 기껏 학원이나 학군 찾아 이사하는 걸 가지고 어디다 대고 '맹모' 운운인가.

아마도 난 위로가 필요했나보다

먼지와 나

정리 정돈과 청소에 집착하는 편이다. 집에서만 그런 게
아니라 직장에서도 그런다. 쓸고 닦고, 버리고, 안 보이는 곳
에 집어넣고, 이 행동을 무한 반복하다 보니, 늘상 내 주변은
집이든 직장이든 잠시 머무는 공간에 불과하든 간에 절간 같
은 분위기를 풍긴다.

간결한 걸 좋아하는 성정이 좀 지나쳐서 꽃이든 레이스든
장식품이든 전부 다 좋아하지 않는다. 옷에 그런 것들이 들러
붙어 있으면 사지 않거나 사더라도 뜯어낸다. 몸에도 무언가
를 매달거나 걸치는 게 싫어서 귀걸이고 목걸이고 사지도 않

는 데다, 애초부터 귀도 뚫지 않았다. 심지어 추운 날씨에도 머플러나 목도리 하나 두르지 않는다. 차라리 목이 올라오는 니트를 입을지언정 말이다. 물건 살 때조차 사은품으로 뭐 준다 그러면 손을 홰홰 내젓는다. 별 필요도 없는 걸 공짜라고 받는 게 영 마뜩잖기 때문이다.

꼭 필요하다는 개념이 남들보다 지독하게 좁은 편이어서 그래도 어지간한 집에서는 다 가지고 있다는 소파나 김치냉장고, 건조기 등등도 없을뿐더러 토스터 같은 소형 가전조차 구비하지 않았다. 빵을 구울 거면 그냥 프라이팬에 구웠다. 빵 굽자고 토스터를 들여오는 게 싫기 때문이었다.

승질머리가 이렇다 보니 바닥에 먼지 하나, 머리카락 하나 떨어져 있는 꼴을 잘 못 본다. 책을 읽다가도, 컴퓨터 보면서 일을 하다가도 갑자기 벌떡 일어나 후다닥 걸레질하는 나를 보고서 친한 원로 샘이 언젠가 했던 말이 기억난다.

- 아무래도 명이 짧을 거 같어~ 잠시도 쉬덜 않고 넘들 허는 일의 몇 배를 허는디, 지금까지 살믄서 이미 넘들 백 년 살면서 헐 일 다 혔잖여? 그러지 말어~ 그러다 진짜루 넘들보다 휠

아마도 난 위로가 필요했나보다

일찍 갈 수도 있어~.

그땐 피식 웃었다. 충청도 말로 느릿느릿 건네시는 말씀에 딱히 머라 대거리하기 어려웠으나, 속으로는 살고 죽는 게 뭔 대수람, 하는 생각이 강했기 때문이었다.

그런데 이번에 방학하자마자 첫날부터 '맞춤형 진학 상담' 하러 출장 갔다가, 다음 날 바로 대구 시집에 내려가 며칠 머무르다 내처 부산 엄마네 집까지 돌아보고 왔는데 아무래도 몸살감기가 제대로 덮친 거 같다. 승질머리대로 시집과 엄마네 집 정리 정돈하고 대청소하고 그랬을 뿐인데 말이다. 물론 평소 하던 대로 무릎을 꿇고 기듯이 다니면서 왼 집 안 구석구석 걸레질을 하기는 했지만 말이다.

막상 집에 왔더니 허리부터 끊어질 듯 아프다. 어깻죽지는 누군가 망치로 내려치는 것처럼 욱신거린다. 더하여 무릎에서부터 송곳으로 찌르는 것 같은 통증이 둥글게 원을 그리며 발목까지 번지고 있다. 얼굴은 팅글팅글 부어올라서 잘 모르는 누가 언뜻 보면 보름달 뜬 걸로 착각할 지경이다. 그러고 보니 몸이 예전과는 확연히 다르다. 예전에는 좀 무리를 했다고 해도 이 정도까지 신호를 보내지는 않았는데 말이다. 어쩌다가 이 지경이 된 걸까. 늙는 걸까. 아니 이미 늙은 걸까.

약을 먹고 자다 깨다를 반복하면서 거실에 누워만 있었다. 저녁이 되니 잠시 정신이 나서 여전히 힘없이 누운 채로 멀거니 앞을 바라만 보는데, 누워있는 거실 바닥 건너편 책장에 보얗게 쌓인 먼지가 내 시야를 파고든다. 저 먼지, 그래, 예전 같았으면 내 손에 바로 소멸했을 하찮은 존재에 불과하다. 그런데 지금은 저렇게 버젓이 살아서 내 눈앞에서 나를 바라보며 잡을 테면 잡아보라고 메롱 메롱 거리고 있다. 나는 그러는 놈을 잡으러 갈 건 생각도 못 하고 이렇게 번연히 눈 뜨고 약 올림을 당하고 있을 뿐이다.

늙었구나, 그래 늙어서 이제 저런 같잖은 존재를 어쩌지도 못한 채 바라보기만 하는구나. 불현듯 솟아난 자각에 서글프고 서러워져 눈물이 고인다. 이제는 먼지같이 거슬리는 존재 정도는 함께 갈 수밖에 없는 시점이 온 걸까. 늙음은 생각보다 불편하고 상상한 것보다 추레하구나. 먼지 따위에도 질 만큼.

아마도 난 위로가 필요했나보다

일만 시간의 법칙

스물아홉 어느 날.

울면서 길을 걷고 있었다. 이제 겨우 말을 하고 걷기 시작한 둘째를 업고, 대구 안지랑역에서 중앙로역으로 가는 방향의 언덕길을 걸어 올라가고 있었다.

큰 애는 시집에 잠시 맡기고, 무언가를 사야 해서 시내로 나가던 길, 갑자기 서러워져서 울었다. 아이는 둘인데, 아직 좀 더 키워야 하는데, 정해진 직업은 없었고, 이전 직장으로는 돌아가고 싶지 않았다. 아이를 맡길 곳도 마땅히 없었고,

그랬기에 이전 직장에서 가져온 일들을 닥치는 대로 하면서 생계형 아르바이트로 생활비를 보태던 시절이었다.

내 인생은 이대로 문이 닫혀 버린 거야. 출구는 이제 없을 거야.

안지랑 언덕길을 올라가며 꺽꺽 울었다. 설령 지나가던 사람들이 흘깃거리며 수군거린다 해도 상관없었다. 어차피 이방인이었던 대구에서 나를 아는 이는 없었다. 이방인에게 주어지는 눈곱만큼의 은혜가 있다면 바로 이거였을 테니까.

그때 울고 있던 내 앞에 언덕 아래쪽으로 줄을 지어 늘어 서 있는 간판들이 눈에 띄었다. 점집 간판이었다. ○○신녀, ○○만신, ○○철학원, ○○도사 등등. 눈물과 콧물이 범벅이 된 채로 무작정 그중 한 집 문을 밀고 들어갔다. 무작정, 이라 고는 하나 신녀니 만신이니 하는 간판을 내건 점집은 신내림 을 받아 점을 보는 집 같아서 내키지 않았다. '철학원'이라고 간판을 단 집으로 들어갔다. 어쩐지 그래도 사주팔자를 따져 점을 보는 건 그나마 통계에 근거했을지도(?) 모르니 개중 낫 다는 생각에서였는지도 모른다.

아마도 난 위로가 필요했나보다

뭘 구체적으로 어쩌자는 건 아니었다. 물어보고 싶은 구체적인 무엇이 있었던 것도 아니었다. 그냥 당시 내 처지가 너무 답답하고 막막해서 누구라도 붙잡고 하소연하고 싶었다.

문을 열고 들어간 그 집에서 요상한⑦ 책을 펴놓고 있는, 아주머니와 할머니의 그 어디메쯤 되는 분 앞에 앉게 되었다. 그녀는 다짜고짜 반말로 말했다.

－ 태어난 생년월일 불러.

그녀는 종이 위에 내가 불러주는 생년월일을 한자로 썼다. 그러고는 무어라 중얼거리며 책을 뒤적였다. 한자를 주욱 쓰고 거기에 또 다른 한자들을 주욱 쓰고, 그러다가 한참 동안 고개를 갸웃거리더니 다시 끄덕거리고…… 그러는 사이 딸냄은 잠에서 깨어 칭얼거리고.

마침내 그녀가 입을 열었다.

－ 용(龍)이 공작(孔雀)으로 환생한 격이야. 겉으로는 화려해 보
  이지만, 일생을 헌신하는 자세로 살게 되어 있어. 이상은 크

고 높은데, 주위 사람들은 너의 화려한 모습만 동경하는 형상이야.

- 초년운이 별로 안 좋아. 본인의 재능이나 노력에 비해 턱없이 낮은 걸 받게 되어 있어. 이를테면, 본인이 100을 가진 사람이라면 결과는 50에도 미치지 못하는 거지.

- 32세 이후로 크게 한숨을 내쉬면서 서서히 풀리는 걸 알게 될 거야. 이후 말년까지 탄탄대로야. 본인이 원하면 어떤 것이든 가지겠지만 용(龍)의 환생이라 어지간한 건 마음에 차질 않아. 뭐, 주위를 위해 평생 헌신하며 살아도 나쁘진 않아. 어차피 말년으로 가면서 다 돌려받을 사주야.

- 이런 사주는 정치에 뛰어들거나, 아나운서나 연예인 같은 직업을 택했으면 더 크게 될 사주였지.

그 순간, 조금 전까지 질질 짜며 점집 문을 열고 들어간 건 다 잊어버리고 불같은 강렬한 호기심에 휩싸였다. 늘 호기심 때문에 일을 그르치기도 하면서 이 죽일 놈의 호기심은 때와 장소를 가리지 않는다. 게다가 반드시 물어봐야 직성이 풀리

아마도 난 위로가 필요했나보다

는 성격이다.

　　– 근데요, 사주라는 거요. 어차피 그 생년월일에 태어난 사람들
　　은 다 같은 결과가 나오는 거 아닌가요? 그럼 사주에 대해 어
　　느 정도 공부한 사람들은 한 사람의 사주에 대해 누구나 같은
　　말을 하게 되나요?

　　– 그리구요, 만약에 사주를 공부한 사람이라면, 누구나 같은 말
　　을 할 수 있다면 용하다거나 용하지 않다거나 하는 건 별 의
　　미가 없는 거 아닌가요?

그녀가 천천히 고개를 들어 나를 바라봤다.

　　– 본인이 사주를 공부해서 다른 사람들 점을 봐주게 된다면 어
　　떨 거 같아?

뜬금없었다. 내가 사주 공부를 한다? 생각해본 적 없으나
못할 것도 없을 듯했다.

　　– 잘 할 수 있을 것 같아요.

난 천성이 겸손한 인간이 아니다. 그래서 늘 인생이 꼬이고는 했다. 그녀가 큰 소리로 껄껄껄 웃었다.

– 맞아. 아마 사주 공부를 시작하면 10년 안에 나보다 더 용한, 아니 어쩌면 이름 좀 날리는 역학자(易學者)가 될 거야. 근데 그 이유가 뭔지 알아?

내가 알 턱이 있나. 그저 나라는 인간이 겸손한 인간이 못되는지라 무조건 자신 있다고 꼴값 떨어 본 거지, 뭐. 그런데 그녀의 해준 다음 말들은 이후 내게 금과옥조가 되어주었다.

– 뛰어난 역술가가 되기 위해서는 세 가지 조건이 있어. 일단 공부를 해야 해. 공부는 가장 기본이야. 공부가 제대로 안된 인간이 대충 책 뒤적거린다고 사주 풀이가 가능한 게 아니거든.

– 그런데 말야. 웃기는 건 공부로 커버할 수 있는 건 80% 정도밖에 안 된다는 거야. 역학 공부를 어느 정도 하고 나서 다른 사람의 사주풀이를 하면, 대부분 80% 정도는 비슷하게 맞출 수 있어. 열심히 공부하면 누구나 그 정도는 할 수 있다는 거

아마도 난 위로가 필요했나보다

지. 문제는…….

– 나머지 20%를 채울 수 있는 게 바로 타고난 '끼'야. 다른 말로 '촉'이라고도 하고 '직관'이라고도 하고, '예지 능력'이라고도 하는데, 암튼 이게 없으면 대충 뭉뚱그려 책에 나온 대로, 공부한 대로 말해주는 거 외에 별달리 할 수 있는 게 없지.

– 너한테는 그 '끼'가 있어. 사람을 보고 직관적으로 판단하는 능력, 공부에 그치지 않고 그 안에 들어가 있는 숨은 의미(난, 그때 이걸 '행간'의 의미로 파악했음)를 찾아내는 '끼'가 있는 거지.

– 그럼, 나머지 하나는요?

– 앞의 두 가지보다 더 중요한 게 있는데, 그건 바로 실제로 사주풀이를 해보는 거야. 한두 명이 아니라 아주 많은 사람의 사주를 봐야 해. 공부 어느 정도하고 한창 물올랐을 때 사주풀이 좀 하다 보면 지가 무슨 대단한 예지 능력자라도 되는 것 같은 착각에 빠지거든. 근데, 그게 말이야. 적어도 천 명의 사주를 실제로 풀어봐야 그제야 어떤 경지에 도달하는 문이

열리는 거야. 함부로 말하지 않고 함부로 단언하지 않게 되는 경지에 말이야.

- 가장 중요한 조건이야. 대부분 첫 번째와 두 번째 조건은 갖추고 있는 사람들이 역술가의 길로 들어서겠지만, 마지막 조건을 갖추기 위해 노력하는 사람은 드물어. 그건 단순히 이걸로 먹고살자고 하는 마음가짐으로는 도달하기 어렵거든.

커다란 돌멩이가 날아와 내 머리를 가격한 느낌이었다.

적어도 천 명의 사주를 보지 않고는 함부로 사주풀이를 한다고 말할 수 없다는 말. 천 명의 실제 사례를 몸으로 체험하고 나서야 비로소 도달하는 경지가 바로 진정한 역술의 경지라는 그 말.

팔과 다리에 오소소 소름이 돋았다.

'일만 시간의 법칙'이라고 있다. 어느 분야든 위대한 성공을 거두기 위해서는 일만(一萬) 시간의 노력이 필요하다는 경험칙이라고 한다. 예를 들어, 하루에 세 시간씩 10년이면 일

아마도 난 위로가 필요했나보다

만 시간이 되는데 이 정도의 노력은 들여야 한 분야의 전문가가 된다는 말일 것이다. 나는 이 말을 꼭 신봉하는 건 아니다. 재능 없이 강요되는 '일만 시간'이란 당사자를 희망과 헛된 기대로 둘둘 감싸 지옥으로 걸어 들어가게 만드는 시간이 될 수도 있기 때문이다. 그러나 그만큼의 투자 없이 어떤 결과를 바랄 것이며, 설령 재능을 갖춘 자라 해도 그 정도의 몰입 없이 어찌 전문가의 반열에 올라서겠는가.

그녀와의 만남은 그때가 마지막이었다. 이후 다시 본 적 없으니, 그녀와 나의 인연은 어쩌면 순간 스쳐 간 보잘것없는 인연이었을 것이다. 게다가 사주랍시고 한 번 보기는 했으나 믿지 않는 인간이 나다. 그녀가 풀어준 내 사주를 믿는 것도 아니고 안 믿는 것도 아니었다. 그러나 마지막에 나를 후두려 치고 지나갔던, '천 명의 사주를 보고 나서야 비로소 도달한다는 경지'에 대한 그녀의 통찰은 내 뇌 한구석에 깊이 각인되었다.

그해 나는 교육대학원에 진학했다. 졸업하는 해 석사논문을 쓰면서 동시에 임용고사를 준비해, 졸업도 하기 전 치르게 된 첫 시험에서 아주 운이 좋게 합격을 했다. 그녀의 말을 믿었던 것도 아니고, 맞아 들어갈 거라 생각하지도 않았지만, 최소한 서른둘에 아, 이제 좀 살 것 같아 라고 한숨을 크게 내쉬게 된다 했던 그녀의 말은 현실이 되었다.

이후 고등학교 발령받고는 계속 3학년 담임을 하게 되었다. 한 명 한 명 진학지도를 하면서 가끔 그녀 생각이 날 때가 있다. 그녀가 말했던 세 가지 조건. 깊이 있는 공부와 타고난 '끼' 그리고 '천 명의 사주.'

해마다 3월부터 반 아이들과 진로에 대해 이야기하고 궁극적으로 진학과 관련하여 상담을 진행할 때면, 얼마나 더 많은 시간이 흘러야 나 스스로 진정한 전문가라 자부할 수 있을 것인가에 대해 생각하게 된다.

학년부장이 되고 나서는 우리 반뿐만 아니라 학년의 모든 아이들을 대상으로 본인이 원하는 경우 상담을 진행할 때도 있었다. 돌이켜보면 첫 3학년 담임했던 47명부터 해마다 70~80명의 아이들을 상담했으며, 교사가 되기 전 사교육에서 했던 진학 상담까지 합치면 얼추 이제껏 천 명이 넘는 아이들을 상담한 듯하다.

아마도 난 위로가 필요했나보다

그렇다면 나는 교사로서 전문가인가. 혹은 진학에 있어 전문가인가. 대답하기 어렵다. 여전히 진학이라는 분야가 어렵게 느껴질 뿐만 아니라 교사로서의 정체성에도 회의가 느껴진다.

얼추 천 명이라는 기준점을 넘어서고 있는 지금도 여전히 결코 편하게 느껴지지 않는 멀고 먼 길이 내 앞에 놓여 있는 듯하다. 그래서 여전히 두렵다.

어쩌면 그녀는 그때 이미, 세 가지 조건을 말하면서 덧붙여 두려움을 통한 겸손까지 내게 가르쳐 주었는지도 모른다.

차단의 추억

시집 큰아버님은 안동 김씨 군사공파 23대 종손이시다.

스무 살이 되던 해 두 분 부모님을 돌림병으로 여의셨고, 그때부터 부모님이 안 계시는, 종가의 종손이라는 만만치 않은 자리에서 당신 몫으로 주어진 책임과 의무를 묵묵히 다하면서 살아오셨다. 그것만으로도 존경받을 만한 분이라고 여긴다.

군대를 다녀온 스물두 살부터는 초등학교(당시에는 국민학교) 선생님으로 출발하여, 벽지의 많은 학교에서 근무하셨으

아마도 난 위로가 필요했나보다

며, 마침내 초등학교 교장 선생님으로 45여 년간의 교직 생활을 마치셨는데, 평생 당신 특유의 성실함과 겸손, 올곧은 양심을 가지고 근무하셨으니 이 또한 존경받아 마땅하다고 믿는다.

내가 옆지기와의 결혼을 결심하고 시집 어른들을 처음 뵈러 갔을 때, 그 자리는 단순히 시부모님만 뵙는 자리가 아니었다. 오촌 아재 한 분과 아지매 한 분, 그리고 큰어머님과 큰아버님께서 자리를 같이하고 계셨다. 그 자리에서 큰아버님께 제일 먼저 받은 질문 역시 어느 학교를 졸업했느냐 혹은 부모님께서 무엇을 하시느냐 따위의 통상적인 질문이 아니었다. 첫 질문은 다음과 같았다.

- 자네 본관이 어디인가?

지금 돌이켜보면 좀 웃음이 나온다, 본관이라니, 출신 대학도 아니고 직업도 아니고 사는 곳도 아닌, 부모님 직업이나 가족관계가 아니라 본관이라니, 다른 집에서도 결혼 전 처음으로 부모님께 인사드리러 가서 이런 질문을 받을까 궁금하다. 그만큼 시집 분위기는 구한말 어느 양반집을 연상하게 만드는 구석이 있었다.

　　연애 시작한 지 만 일 년도 안 되어 결혼까지 하게 된 결정적인 원인은 물론 옆지기의 미친 듯한 추진력(지금 생각하면 도저히 믿어지지도 않고 상상도 안 되며, 다른 사람이 아니었나 싶은) 덕분이지만, 그 자리에 계셨던 어른들이 나에 대해 좋게 평가하셨던 게 한몫하지 않았을까 싶다. 나중에 뒤에서 들은 말이지만 큰아버님께서 나에 대해 내렸다는 종합 평가는 다음과 같았다.

　　– 사람이 꾸미려 들지 않아서 마음에 든다. 서울 여자라고 해서
　　걱정을 많이 했는데, 구김이 없고 특별히 잘 보이려 애쓰지
　　않고, 예의 차리려고 애를 쓰지 않아도 천성적으로 사람을 배
　　려하는 게 몸에 배어 있더구나.

　　'서울 여자'에 대한 편견과 선입견이 많았던 시부모님께서는 십 년도 넘게 나이 차이 나는 큰아버님을 부모님처럼 받들어 왔기에 그 말씀 한마디에 바로 결혼을 결정하셨다고 한다. 지금에 와 돌이켜보면 시집 집안 전체가 보수적이라 연애 결혼 자체에도 거부감이 심한데다, 특히나 타지역 출신 며느리라면 일단 반대부터 하고 보는 경향이 있었던지라 아무런

아마도 난 위로가 필요했나보다

제약 없이 어린 나이에 바로 결혼으로 직행했던 게 쉬운 것만은 아니었던 상황이다. 물론 당시나 지금이나 세세한 계산 따위 못하고, 눈치라고는 약에 쓰려고 해도 갖추지 못했으며, 남들의 기분이나 평가 따위 아예 신경조차 쓰지 않은 채 칠렐레 팔렐레 천방지방 휘젓고 다니는 내 성격 탓에 그런 줄도 모르고 룰루랄라 결혼했지만 말이다.

결혼한 이후에도 큰아버님과는 통상적인 집안 어른을 넘어서 시부모님이나 마찬가지인 관계로 맺어졌다. 빠듯하게 사는 우리 살림살이를 걱정하셔서 슬쩍슬쩍 용돈을 찔러 넣어주셨으며, 집안 사정으로 인해 제수를 홀로 준비해야 하는 나를 안쓰러워하시며 조용히 나가서 필요한 장을 봐다 주시는 분도 큰아버님이셨다. 당신께서 은퇴하실 무렵 자서전을 쓰셨는데, 그 자서전의 윤문을 내게 맡기셨으며, 관혼상제에 관한 책을 내실 때도 전반적인 윤문과 자료 확인을 또 내게 맡기셨다. 내가 아이 둘을 낳고 임용고사에 통과했을 때 친자식 일처럼 즐거워하셨던 분도 큰아버님이시다.

그러다가 내가 페이스북(이하 페북)이라는 걸 시작하게 되었다. 페북 초창기 친구 수도 많지 않고 그저 일기장처럼 페북을 활용하던 시절에 은퇴하신 큰아버님께서 친구 신청을 해오셨다. 우리 부부가 대구에서 살기를 원하셨으나 직장을 핑계(?)로 머나먼 타향에 나가 살고 있으니 아마도 어찌 사는지 궁금하시기도 했을 것이며, 혹시라도 조카며느리와 소통이 끊길까 혹은 멀리 산다는 이유로 관계가 소원해질까 저어하셨음이라. 어쩔 수 없이 큰아버님과 페북 친구가 된 어느 날, 아마도 전교조 집회에 나갔던 사진을 보신 건지, 아님 박근혜 정권에 대한 비판 기사를 공유한 걸 보셨는지 A4 용지 5~6장 분량의 길고 긴 이 메일을 보내오셨다. 사실 그전에도 큰아버님과는 이 메일로 자주 소식을 주고받고 했었다.

– 사랑하는 질부 보아라.

그 글은 이렇게 시작하고 있었다. 당신이 나를 얼마나 귀애하고 높게 평가하고 계시는지 구구절절 드러나는 문장으로 시작된 글은 곧바로 박정희 정권이 이루어 놓은 뛰어난 업적을 찬양하고 있었으며, 곧이어 그의 딸인 박근혜가 집권을 해야 하는 필연성으로 이어졌다. 특히나 그녀의 빛나는 자질과 유수한 영도력이 국내외 언론이나 혹은 80년대 후반을 거치면서 잘못된 사상과 가치관을 주입받은 세대에 의해 왜곡

되고 폄하되어 그 빛이 가려져 있다는 것은 참으로 안타까운 일이라는 걸 강조하셨다. 그리고 전 세계의 유수한 언론들이 그녀의 치세가 빛나리라는 걸 확인해준 바 있다는 내용으로 끝을 맺고 계셨다. 박근혜 정권이 들어서고 나서 전교조에 대한 탄압이 거세지는 것에 대해 치를 떠는 조카며느리에 대한 걱정과 안타까움이 박근혜 정권에 대한 지지의 근거로 제시하고 계시는 방대한 자료들에 촘촘하게 박혀 있었다.

한 이틀 보내주신 글을 꼼꼼하게 다시 읽고 다시 읽고 했다. 그리고 '울면서(泣) 마속의 목을 치라고 명령하던 제갈공명의 심정'으로 페북의 차단 버튼을 눌렀다. 페북에서 '차단' 버튼을 클릭하면 그 이후부터는 아예 상대가 내 글이나 이름을 볼 수 없게 된다. 아무리 검색을 해도 나타나지 않을뿐더러 다른 사람들이 나에 대해 언급을 해도 차단당한 사람은 볼 수가 없게 되는 것이다. 쉽게 말해 페이스북 세상에서는 아예 존재하지 않는 '유령'처럼 되는 셈이다. 그렇다고 영원히 차단당한 걸 모르느냐 하면 그럴 수는 없는 노릇이다. 보이던 글이 안 보이면 당연히 차단당한 걸 알 수밖에 없다. 차단당한 상대가 '차단당한 걸' 아는 건 참으로 곤란한 상황이기는 하다. 그러니 '울면서(泣) 마속의 목을 치라고 명령하던 제갈공명의 심정'으로 페북의 차단 버튼을 눌렀다, 고 표현하는 것이다.

이후 어찌하여 페이스북에서 네 글이 보이지 않느냐고 하문(下問)하시면, 그저 보이지 않게 되어 보이지 않는 것인데 어찌하여 보이지 않느냐 하시니 그저 보이지 않게 되어 보이지 않는다고 말씀드릴 뿐 달리 말씀드릴 방도가 없다고, 드라마 '대장금'의 장금이 버전으로 대답하려 하였다. 그러나 역시 큰아버님은 큰 인품을 가지고 계셨다. 돌아가시기 전까지 한 번도 그에 대해 물으신 적이 없었다. 어찌하여 글이 안 보이느냐고도, 혹시 다른 어떤 조치를 한 것이냐고도 묻지 않으셨다. 가끔 뵐 때마다 한결같은 미소로 대해주셨을 뿐이다. 돌아가시고 나니 생전에 좀 더 마음 써드리지 못했음에 그저 죄송했으나, 페이스북에서 차단한 걸 후회하지는 않았다.

그 이후 '차단' 버튼을 누르는데 망설임이 없어졌다. 가장 어렵고 어려운 분을 차단한 사람이 누군들 차단 못 하랴 싶었다. 사실 큰아버님이 싫어서 차단한 게 아니지 않은가 말이다. 게다가 어렵기로 들자면 시집의 큰아버님보다 더 어려운 분이 어디 있다는 말인가. 실제로 페북을 하다 보니 아는 분

아마도 난 위로가 필요했나보다

들이 더 어렵고 힘든 경우가 많았다. 내 생각을 맘대로 표출하기도 어렵고 실제로 만나서 이런저런 걱정을 듣기도 하고 하니, 이후로는 페북에 실제 친분이 있는 분(이하 실친)이 뜨면 바로 차단을 해버렸다.

이미 친엄마, 이모 네 분, 이모부님 네 분, 외삼촌, 엄마 사촌이신 분들, 시누, 시누 남편, 시집의 사촌 형님들과 아주버님 각각 4분씩, 친동생들, 제부들, 올케, 직장의 윗분들 등등해서 실제 친분이 있는 분들 중 내 쪽에서 먼저 차단한 분들이 부지기수(不知其數)이니 이제는 그 수를 헤아리기 어려울 지경에 이르렀다.

혹시 실제로 나를 아는 지인들 중에 페이스북상에서 차단 당해 있다고 서운해하는 사람이 있을지도 모른다. 어쩌면 제대로 된 이유를 말할 기회가 영원히 없을지도 모르겠다. 그러나 살면서 좋은 사람들과만 인연을 맺으며 살기 어렵듯 별다른 원망이나 미움이 없어도 인연이 끊길 수도 있는 법이다. 싫어서가 아니라 울면서(泣) 페이스북의 차단 버튼을 누르던 그 심정과도 같이 말이다.

사랑은 사람을 변하게 한다

1.

이것저것 사려고 가끔 다○소에 가는 편이다. 특히 우리 집 근처에 있는 매장은 인근에서 찾아보기 어렵게 큰 편이라 다양한 물건들을 아주 싼 가격에 한 아름 구입해서 돌아오는 기쁨을 안겨주는 곳이다. 며칠 전에도 다○소에 갔다가 우연히 오묘한 걸 발견했다. 고양이 장난감 코너에 있는 천으로 만든 물고기인데, 실제와 꽤 비슷해 보이는 데다 포근포근한 촉감이 만족스러웠다. 바로 집에 있는 코코가 떠올랐다. 이것 저것 고른 다른 물건들과 같이 결제하고 집으로 가져왔다. 선

아마도 난 위로가 필요했나보다

물로 주자마자 물고 빨고 뜯었다가 앞발로 끌어안고 뒹구는 코코를 보면서 뿌듯함이 가슴에 차오르는 걸 느꼈다.

그래, 이건 사랑이다, 라고 중얼거렸다.

2.

코코와 나는 사용하는 언어가 다르다. 그러나 우리 둘 사이, 의사소통에는 아무런 지장이 없다. 나는 나대로 나의 모국어로 이야기하고 코코는 코코대로 녀석의 모국어로 이야기한다. 가끔은 아주 잠깐 서로가 전달하려는 바와 어긋나게 알아듣기도 하지만 궁극적으로 우리는 서로의 마음을 읽는 데 실패한 적이 없다. 그러니까 시간이 다소 걸릴지 모르지만, 서로가 전달하려는 바를 읽어내지 못하는 경우는 거의 없다고 볼 수 있다. 같은 언어를 쓰는 종족 사이에서도 의사소통에 실패해 오해하고 분노하고 증오하고 마침내 돌아서는 경우에 비하자면 더할 나위 없이 훌륭한 관계인 셈이다.

이런 게 사랑이다, 고 믿는다.

3.

난 약간의 결벽증과 강박증이 있는 편이다. 물건 정리와 주변 정돈도 그렇지만 무지 자주 씻는 편이다. 수업을 하고 나오면 반드시 손부터 씻고, 집에 돌아오면 현관문을 들어서 자마자 손부터 씻었다. 신혼 초 아침저녁으로 샤워하는 나를 보고 함께 사시던 어머님이 속으로 '저 아는(경상도 방언) 전생에 무당이었나, 와 아침저녁으로 목욕재계를 하는고' 하셨다는 말을 나중에 전해 들었다. 피곤한 날이면 좀 걸러도 되련만, 누가 뭐라 하는 것도 아닌데 씻기부터 하는 나를 떠올려보면 나도 내가 좀 피곤하게 여겨지기는 한다.

물건 정리에 이르면 결벽증에 강박증까지 함께 빛(?)을 발한다. 식탁 위에 놓인 접시가 비뚤어지는 걸 참지 못해서 밥을 먹다가도 중간에 접시들을 반듯하게 바로 놓는다. 자리에 앉아서 책을 보다가도 책장에 꽂힌 책의 높낮이가 다른 게 눈에 띄면 벌떡 일어나서 후다닥 뽑아 책들의 키부터 맞춰 다시 꽂고 나서야 다시 집중이 된다. 밤에 자려고 침대에 누웠다가 침대 머리맡에 놔둔 조명 갓에 보얗게 앉아 있는 먼지를 발견하고 벌떡 일어나 그 먼지를 닦고 나서야 한숨을 내쉬며 잠이

아마도 난 위로가 필요했나보다

든 적도 있을 정도다.

아, 이쯤 되면 다소 결벽증, 약간의 강박증이 아니라 심한 상태인 건가.

암튼 코코가 우리 집에 오기 전에, 동물을 좋아하는 성정답게 거리에서 길고양이나 지나가는 남의 집 개를 만나 쓰다듬어 준 날에는 집에 돌아오면 반드시 손부터 씻었다. 항균 세제를 손에 묻혀 손가락 사이사이 문질러대다가 손등과 손바닥을 번갈아 가며 비벼대고 흐르는 물에 여러 번 헹군 다음에야 다른 일들을 시작할 수 있었다.

이런 습관으로 인해 코코가 우리 집에 오고 난 다음에도 한동안 코코를 쓰다듬고 나면 손을 씻었다. 아이들에게도 코코를 만지고 나면 꼭 손부터 씻으라고 누누이 강조했다. 그러던 어느 날, 문득 이런 생각이 들었다. 반대로 내 손이 더러우면 어쩌나, 코코를 만지기 전 이미 병균이나 세균에 오염되어 있다면 그건 어쩔 건가, 그러면 코코한테 그 병균이 그대로 옮을지도 모르는데, 저 아이는 나보다 훨씬 약한 존재인데 하는 깨달음이 불현듯 내 뒤통수를 때렸다.

그때부터였다. 외출했다 집에 들어와 코코를 만지기 전에 바로 손부터 씻었다. 집에서도 다른 일을 하다가도 코코를 안아주려면 다시 손부터 씻었다. 코코를 마음껏 보듬어주기 위해서였다.

　　이게 사랑이다. 사랑은 사람을 변하게 한다, 고 생각한다.

아마도 난 위로가 필요했나보다

짐작과는 다른 것들

1.

아들의 어린 시절 이야기이다. 녀석은 시간이 날 때마다 거실 책장에 비치되어 있는 의학 관련 책들을 열심히 들여다보고는 했다. 뭐 어느 정도 자신의 진로에 대해 고민하는 나이였다면 이해가 가는데, 녀석이 그렇게 몰입하던 나이는 고작 대여섯 살에 불과한 나이였다. 인체 해부도부터 각종 장기를 그려 넣은 그림, 그 장기가 병들었을 때의 사진까지 아주 꼼꼼하게 들여다보고 거기에 대해 제법 똑똑하게 질문하고 이해하는 걸 보면서 장래 의대에 진학하여 의사가 되지 않을까 기대했다.

　　그러나 초등학교 고학년이 된 어느 날 이 녀석은 부모 앞에서 자신은 수의사가 되겠다고 선언했다. 이유를 물어보니 아픈 동물들을 치료해주고 그들의 삶의 터전을 보호하는 데 앞장서고 싶단다. 수의사가 되고 싶은 이유를 더 구체적으로 깊이 있게 파고 들어가니 녀석이 하고 싶은 건 아픈 동물들을 치료해주고 싶은 마음도 컸지만, 기실 야생동물 삶의 터전을 지키거나 버려진 동물들을 구조하는 데 더 관심이 많은 것 같았다. 내가 누구냐. 명색이 그래도 진로와 진학 관련해서 십 년 넘게 상담해온 사람이 아니냐. 그러니 질문의 의도를 슬쩍 밑자락에 깔고 다른 방향으로 물어봤다.

　　어차피 아픈 거 치료해주는 건 인간이나 동물이나 다 같은 차원에서 이루어지는 거 아니겠냐, 그렇다면 차라리 의대에 진학해서 의사가 되는 건 어떠냐, 동물을 구조하고 야생동물 삶의 터전을 지키는 건 오히려 관련 단체를 후원하거나 그쪽에 자원 봉사하는 것이 더 어울리는 것 아닌가 싶다 했더니, 자기는 인간들이 싫단다. 그래서 치료해주고 싶은 마음이 없단다. 그래, 그 이유는 뭐냐 물으니 동물들이 이렇게까지 수난과 멸

아마도 난 위로가 필요했나보다

종 위기에 몰리는 건 다 인간들의 욕심과 무분별한 자연 파괴
와 이기심 때문이란다. 그래서 구태여 인간들의 치료를 목적으
로 하는 직업을 가지고 싶지 않단다. 오히려 그 인간들로부터
피해를 입은 동물을 치료하고 싶다나? 허허허~~

결국 중학교 입학하기도 전, 녀석의 꿈은 수의사로 결정
되었다. 그것도 자기만의 확고한 논리를 갖추고 말이다. 고등
학교 3학년 때 대학 지원을 위해 자기소개서를 써야 하는 시
기가 돌아왔을 때다. 3학년만 주구장창, 그것도 학년부장으
로만 5년을 주구장창 해 온 엄마가 자기소개서 쓰는 것을 지
도해주겠다고 제안했음에도 단칼에 거절했다. 그리고 지 맘
대로 썼다. 그러나 그 자기소개서는, 당시 아들 담임 선생님
의 극찬을 받았다. 진정한 학업 동기와 전공 적합성이 돋보인
다며, 아들의 자기소개서를 다음 고3 후배들을 위한 모범 예
시 자료로 쓰겠다고까지 하셨다.

어안이 벙벙했지만 담임 선생님으로부터 어렵게 입수(?)
해서 읽어본 아들의 자기소개서는 비록 문장이나 구성에 있
어 다소 거슬리는 게 발견되기는 했으나 진정성이 돋보였다.
본인이 어찌하여 수의대에 진학하고 싶은지 그리고 왜 그 공

부를 열심히 하려고 하는지, 앞으로 어떤 방향으로 공부해 나가서 전공을 어떻게 활용하면서 살고 싶은지가 손에 잡히듯 보였다. 그만큼 아들은 자신만의 생각과 의지가 확고했던 거다. 그러나 아들은 결국 원하는 수의대에 진학하지 못했다. 수능 성적에 맞춰 생명공학으로 진학했다. 즉 아들의 진학 과정은 입시에서 성적이 그 무엇보다 우위를 점하고 있음을 보여주는 좋은 예가 되는 것이다. 아, 이 땅의 입시가 결코 쉽지 않음을 보여주는 예도 될 수 있으려나.

2.

딸을 기르면서, 유난히 말문이 일찍 트이고 어휘에 대한 감각이 남다른 아이를 위해 어린 시절부터 대부분의 공부를 문학과 접목시켜 할 수 있게 만들었다. 릴레이로 이야기 이어가기를 한다거나, 사칙연산을 가르칠 때 하나의 이야기 안에서 사칙연산을 이해하도록 했던 게 그 예이다. 이야기 이어가기란 어떤 상황을 가정하고 등장인물 몇 명의 캐릭터를 정한 다음 내가 이야기의 시작을 만들면 그다음은 딸이 그 상황에 맞는 다음 이야기를 이어가는 식이었다.

하나의 이야기 안에서 사칙연산을 이해하도록 만드는 건 이를테면 이런 거다. 딸이 3~4살이던 시절 덧셈과 뺄셈을 가르칠 때다. 백설 공주 이야기를 해주면서 '일곱 난쟁이 중에서 다섯 명은 금을 캐러 가고 나머지는 집에 남아서 공주를 지키기로 했대~ 그럼 집에는 몇 명이 남아 있는 거야?' '백설 공주가 죽은 게 슬펐던 난쟁이들은 공주를 땅에 묻을 수가 없었대. 그래서 공주의 시신을 유리관 안에 넣고 돌아가면서 공주를 지켰대. 공주의 시신을 누가 훔쳐 갈까 봐. 어느 날 왕자가 우연히 유리관 안에서 잠들 듯 누워 있는 백설 공주를 발견했을 때 난쟁이 중 두 명은 광산에 일하러 갔고, 한 명은 멀리 장사를 하러 갔는데 또 다른 한 명은 이웃 마을에 놀러 가고 없었대. 그러면 백설 공주 관 옆을 지키다 왕자를 발견한 난쟁이는 모두 몇 명이었을까?' 이러면서 푼수를 떨고는 했다.

그런데 이상한 일이었다. 딸은 자라면서 점점 수학과 과학은 무지 즐거워하는데 문학 관련 공부는 죽어라 싫어하는 거다. 뜻이 명확하지 않고(당연히 상징과 비유는 해석의 다양성을 동반하는 거잖아) 오버하며(원래 과장은 문학의 한 틀인데…) 지나치게 감성을 강요하는 게 싫다고 했다. (그럼 문학을 전공한 이 엄마는 뭐가 되냐구요 ㅎㅎ) 나도 수학을 좋아했고, 중고등학교 시절 꽤 좋은 성적을 받던 사람이지만 그렇다고 수학과 연결된 학문을 하겠다고 생각해본 적은 한 번도 없다. 그런데 딸은 커가면서 점점 통계학, 경제 뭐 이런 쪽으로 관심을 기울이더니 결국 경제학과로 진학했다.

참고로 나는 '경알못'('경제를 알지 못하는'의 약자)이다. 경제 관련 분야는 낫 놓고 기역 자도 모르는 무식꾼이란 말이다. 그런데 심지어 올해 들어와 교양과목으로 경제 교과를 수강한 아들이 지나가는 말로 나한테 그런다.

– 경제학을 복수 전공해볼까요?

이 녀석들은 내가 영 알지도 못하는 경제를 왜 하겠다고 하는 건지 모르겠다. 당췌 누구 닮은 걸까?

마지막으로 덧붙이고 싶은 이야기 하나. 오랜 시간 일반 고등학교, 특히 서울 외곽에 위치한 학교에서 고3 담임을 오래 하다 보니 대입 전형 중에서 특히 수시전형에 매진할 수밖에 없었다. 그러다 보니 그래도 그쪽에서는 어디 가도 결코 꿀리지 않는다고 자부할 정도다. 그래서 주변에서는 엄마가

대입 수시전형, 그중에서도 학생부 종합 전형 관련 전문가이
니 애들이 모두 학생부 종합 전형 지원하면 엄청 유리하겠다
고 말씀들 하셨다. 그러나… 우리 애들 중 한 명은 수능 최저
학력 기준이 매우 높은 논술전형으로, 한 명은 오로지 수능
성적의 표준점수 0.01점이 합격과 불합격을 가르는 정시전형
으로 대학에 진학했다. 역시 세상은 짐작과는 다르게 돌아가
는 법이다. 특히나 자식은 내 짐작과는 다르게 성장하고 변하
고 발전해간다. 그들의 삶은 나와는 별개이기 때문이다.

내 심장의 하트

1.

막바지다. 수능이 얼마 안 남기는 했다.

오후 수업을 하고 있는데 갑자기 핑글 돌았다.
순간 눈앞에 하얀 안개가 덮이는 느낌.
그리고 뱃속 저 아래로부터 기어 올라오는 구토감.

익숙한 느낌이다.
벌써 한계가 오면 안 되는데, 올해는 좀 빠르다.

아마도 난 위로가 필요했나보다

십 년 넘는 세월 동안 그래도 수시는 끝나고 수능 가까워질 때쯤 병이 났었는데, 올해는 왜 벌써 이런가 싶어서 생각해보니, 작년에 고3이 아닌 1학년을 맡았던 게 떠오른다. 그나마 한 해 고3 안 했다고 내 몸이 그새 잊은 건가 싶어 한심해진다.

2.

저녁에 자기소개서를 써서 들고 첨삭과 조언을 해달라며 찾아온 녀석이 4명이었는데, 마지막에 지도받던 한 녀석이 그런다.

– 샘, 선생님들은 직업병 뭐 이런 거 없으세요?

질문에 답하려고 곰곰이 생각해 보는데 딱히 떠오르는 게 없다. 이리저리 많이 들어는 봤으나 구태여 머릿속에 담아둔 적 없어서 그런 거 같다.

– 뭐 직업병이 다양하게 있기는 하지. 일단 평균 수명보다 일찍

죽는다고는 하더라.

- 헐~ 일찍 죽어요?
- 기사에서 얼핏 본 것도 같고, 어디에선가 들은 것도 같은데,
  암튼 자기가 연금 부은 걸 다 받지 못하고 죽는 경우도 많다
  고 들었는데, 자세히 알아보지는 않아서 잘 몰라.

녀석이 어이없다는 표정으로 날 쳐다보며 한마디 한다.

- 샘, 그런데 왜 그렇게 담담하게 남의 이야기하듯 하세요?
- 뭐 할 수 없는 거지. 이미 택한 직업인데, 이제 와서 어떻게
  할 수 있는 건 아니잖아. 일찍 죽는다고 해도 할 수 없고.

녀석은 내가 웃긴다며 낄낄거리다 돌아갔다.

녀석은 모른다. 내가 직업병보다 내 뱃속 깊은 곳에 자리
한 위의 통증을 더 무서워한다는 걸. 그리고 만약 평균보다
이른 죽음으로 날 이끄는 무엇이 있다면 아마도 뱃속에 자리
한 그놈의 농간이 될 거라는 걸.

아마도 난 위로가 필요했나보다

3.

다시 머리가 핑글 돌면서 눈앞이 하얗게 변하는 느낌이라 의자에 앉아 머리를 최대한 뒤로 젖혔다. 그런데 뒤로 고개를 한껏 젖힌 내 시야에 뜬금없이 칠판에 하트의 형태로 붙어있는 예쁜 자석들이 눈에 들어왔다. 그러니까 자석으로 만든 하트다. 난 약간의 강박증이 있다. 동그란 자석들을 항상 일렬로 각 잡아서 줄을 맞춰 붙여놓는데 누군가 그걸 하트 모양으로 만들어 놨다. 누굴까, 어떤 녀석일까, 생각하다가 심장이 두근거리는 걸 느낀다.

여전히 난 사랑에 주린 상태인가보다. 누군가 만들어놓고 간 하트에 이렇게 심장이 쿵 하고 울리는 걸 보면 말이다.

불현듯 튀어 올라 내 가슴으로 뛰어든 하트로 따뜻하게 데워진 심장을 안고 집으로 갈 준비를 한다. 좀 일찍 죽으면 뭐 어떤가, 알지 못하는 누군가가 나 모르게 만들어준 하트가 이미 내 심장에 박혀버렸는데 말이다. 이 하트만으로 힘겨운 오늘을 살아낸 충분한 이유가 되는데 말이다.